健美操运动训练与教学实践研究

马 卉 著

全国百佳图书出版单位 吉林出版集团股份有限公司

图书在版编目（CIP）数据

健美操运动训练与教学实践研究 / 马卉著 . -- 长春：吉林出版集团股份有限公司，2024.4
ISBN 978-7-5731-4940-4

Ⅰ.①健… Ⅱ.①马… Ⅲ.①健美操-运动训练-教学研究 Ⅳ.①G831.32

中国国家版本馆 CIP 数据核字（2024）第 091283 号

JIANMEICAO YUNDONG XUNLIAN YU JIAOXUE SHIJIAN YANJIU
健美操运动训练与教学实践研究

著：马 卉
责任编辑：王芳芳
封面设计：冯冯翼

开　　本：	720mm×1000mm　1/16
字　　数：	210 千字
印　　张：	11.5
版　　次：	2024 年 4 月第 1 版
印　　次：	2024 年 4 月第 1 次印刷

出　　版：吉林出版集团股份有限公司
发　　行：吉林出版集团外语教育有限公司
地　　址：长春市福祉大路 5788 号龙腾国际大厦 B 座 7 层
电　　话：总编办：0431-81629929
印　　刷：长春新华印刷集团有限公司

ISBN 978-7-5731-4940-4　　　定　价：68.00 元
版权所有　侵权必究　　　举报电话：0431-81629929

前　言

随着经济的发展和社会的进步，人们在满足物质生活的基础上，对精神层面的追求越来越强烈。他们更愿意利用空闲时间参与体育运动，从而不断丰富自己的精神生活。在当今社会节奏不断加快的背景下，人们越来越意识到健康的重要性，其健身意识也越来越强，人们的健身需求也越来越多样化。传统的体育锻炼方式已经无法满足人们多样化的健身需求。因此，体育锻炼方式亟待改革和创新。健美操运动作为一种全新的体育健身项目，以人为主要载体，以健身健美为目标，集艺术体操、武术、音乐、舞蹈、健身、娱乐于一体，具有广泛性、休闲型、娱乐性等特点，因此受到人们的广泛欢迎。健美操运动具有健身、教育、娱乐等价值，它可以增强人的肌肉力量，可以提高人的心肌收缩力，可以陶冶人的情操，提高人的身体素质和心理素质。健美操运动在动作、造型、音乐、服饰、创编等方面具有很强的艺术性。

在健美操运动中，训练是不可缺少的组成部分。健美操运动涉及很多训练，如力量训练、速度训练、耐力训练、灵敏素质训练、柔韧性训练、心理训练等，这些训练不仅能够增强体质、改善体态，还能提高运动员的神经系统功能。在训练的过程中，运动员可以采取多样化的训练方法，比较常用的有想象训练法、功能性训练法、核心训练法、完整与分解训练法等。当然，运动员在健美操运动训练中还需要遵循一定的原则，即全面训练与专项训练相结合、系统性原则、周期性原则、科学性原则等。只有这样，才能提高健美操训练的效果，保障健美操训练的科学性。

近年来，随着我国对体育教育重视程度的提高，很多学校都在丰富体育教育内容，改革体育教育方式。而健美操运动在体育教育中发挥着不可替代的作用。因此，健美操运动教学受到前所未有的关注。健美操运动教学是健美操运动训练的保障。这就要求教师要结合学习者的需求，遵循一定的教学原则，更新教学理念，丰富教学内容，改变传统的教学模式，运用多样化的教学手段，组织各种不同的健美操实践活动，真正为学习者营造良好的氛围，不断提高学习者的运动技能。鉴于健美操运动训练与教学的重要性，笔者在总结前人研究成果及自身多年教学经验的基础上，系统梳理了健美操运动训练与教学实践的相关知识，并编纂了此书，以期能够为健美操运动训练与教学实践研究提供有益借鉴。

  本书主要对健美操运动训练与教学实践进行了系统论述。首先，概述了健美操运动的基础知识，具体包括健美操运动的起源、发展、概念、特点、理论基础等；其次，分析了健美操训练的相关问题，即健美操训练的原则、方法以及体能与心理训练，并提出了诸多可行性建议；再次，论述了健美操课程、健美操教学与创编、健美操教学模式、教学信息化手段；最后，结合竞技健美操和流行健美操两个方面阐述了健美操训练与教学实践，实现了健美操运动训练与教学的有机结合。

  在写作过程中，笔者查阅了很多国内外资料和文献，吸收了很多与之相关的最新研究成果，借鉴了大量学者的观点，在此表示诚挚的感谢！由于时间仓促，再加上笔者能力有限，书中难免存在不足之处，请广大读者批评指正。

目 录

第一章 健美操运动概述 ··· 1
  第一节 健美操运动的起源与发展 ·· 1
  第二节 健美操运动的概念与特点 ·· 4
  第三节 健美操运动的分类与功能 ·· 6
  第四节 健美操运动的理论基础 ·· 12

第二章 健美操训练 ·· 17
  第一节 健美操训练的原则 ·· 17
  第二节 健美操训练的方法 ·· 19
  第三节 健美操与体能训练 ·· 22
  第四节 健美操与心理训练 ·· 28

第三章 健美操课程 ·· 33
  第一节 健美操课程的设置 ·· 33
  第二节 健美操课程的设计 ·· 35
  第三节 健美操课程的实施 ·· 45
  第四节 健美操课程体系的构建 ·· 48

第四章 健美操教学与创编 ·· 55
  第一节 健美操教学的原则与方法 ·· 55
  第二节 健美操教学能力的培养 ·· 60
  第三节 健美操创编的要素与原则 ·· 63
  第四节 健美操创编的过程与方法 ·· 66

第五章 健美操教学模式构建 ·· 71
  第一节 俱乐部教学模式构建 ··· 71
  第二节 互动式教学模式构建 ··· 77
  第三节 情境教学模式构建 ·· 81

  第四节 混合式教学模式构建 …………………………… 88
第六章 健美操教学与信息化手段 …………………………………… 97
  第一节 慕课融入健美操教学 …………………………… 97
  第二节 基于微课的健美操教学 ………………………… 107
  第三节 智慧课堂助力健美操教学 ……………………… 114
  第四节 翻转课堂引领健美操教学 ……………………… 119
第七章 竞技健美操训练与教学指导 ……………………………… 126
  第一节 竞技健美操概述 ………………………………… 126
  第二节 竞技健美操训练的原则 ………………………… 131
  第三节 竞技健美操基本动作训练 ……………………… 134
  第四节 竞技健美操难度动作训练 ……………………… 138
  第五节 竞技健美操教学中的运动损伤 ………………… 140
第八章 流行健美操训练与教学指导 ……………………………… 149
  第一节 有氧拉丁操 ……………………………………… 149
  第二节 有氧踏板操 ……………………………………… 154
  第三节 有氧搏击操 ……………………………………… 159
  第四节 健身瑜伽 ………………………………………… 165
参考文献 ……………………………………………………………………… 171

第一章　健美操运动概述

健美操运动在高校体育教育教学中属于一项重要的教学科目,也在全民健身运动中发挥着重要的作用。因此,不断强化高校健美操运动的普及,推动健美操运动教育教学的发展,不仅对促进高校体育教育教学发展具有深刻的教学意义,同时也对推动社会大众健美操运动的可持续性发展具有重要的社会意义。本章主要对健美操运动的基础知识进行了介绍。

第一节　健美操运动的起源与发展

一、国际健美操运动的起源与发展

健美操的起源可追到两千多年前,那时的古希腊人出于朴素的唯物主义观点和乐观主义精神,把身体的健美、力量与生命联系起来,认为世界万事万物之中,唯有健美的人体才是最匀称、最和谐、最庄重、最有生气和最完美的。早在2400年前,古希腊雕刻家米隆塑造了一个显示男子健与美的雕塑——"铁饼者",这是古希腊人崇尚人体美的历史见证;爱神维纳斯就是当时希腊人心目中最理想的女子健美楷模。古希腊人喜爱采用跑、跳、投、柔软体操和健美舞蹈等各种体育项目进行人体美的锻炼,同时提出了体操锻炼身体,音乐陶冶精神的主张,对人体美的崇尚举世闻名。

早期健美操起源的动作主要包括站、立、跪、坐、卧等基本姿势,随着健美操的发展,在原有基础姿势上又衍生出一系列健美动作并加入音乐,让健美操变得更加有律动感。现代健美操的形式更加多元化,也更加符合现代人对形体的需求标准。

随着时代的发展,人们摄入营养的变化,现代人与古代人在健身需求上也有所不同,现代健美操在20世纪60年代应运而生。现代健美操早期的形成是为了配合宇航员太空训练而做的创新和变革。在原有健美操的基础上融合了音乐以及训练器材，具备音乐节奏感的健美操很快受到当时健身人士的追捧。1969年，健美操中融入现代舞和体操的元素，让健美操具备的时代化特征更明显，也更加受到大众的喜爱。

经过长时间的传播和发展，健美操已经成为备受世界各地人们喜爱的一种运动。健美操兴起于欧美发达国家，经过几十年的传播和发展，早已发展到世界各地，部分发展中国家也开始流行健美操。健美操的传播体现在不同形式上，最直观的是起宣传作用的书籍和音频，以及在健身房直接开设健美操课程和培训体系。

美国具有较大的健美操市场，全国各地分布着不同规模的健美操场所，练习健美操的人群年龄分布广泛，美国是对健美操发展有着较大影响的国家。美国既推动了塑造体型、健康身心的健身健美操的发展，同时又是竞技健美操的创始国。美国作为健美操代表国家，在推动健美操全世界传播与发展中做出重要贡献。美国本土健身人群热衷于健美操活动的多样化举办和推广，衍生出一系列针对健美操的竞技运动赛事，来提高人群的参与度和兴趣度，美国也就顺其自然地成为运动赛事举办的主场地。

欧洲各国人士也是热衷于健美操运动的主要人群，在欧洲流行健美操运动的国家包括俄罗斯、意大利、罗马、法国、德国等大部分发达国家。欧洲国家为了普及国民健身意识，提高身体素质，将健美操内容有意识地融入在校生体育课程中，教学指导明确提出健美操概念并形成系统化课程。为了迎合民众兴趣爱好，电视节目推出健美操特别节目。

健美操在亚洲也得到了迅猛发展。亚洲健美操的发展晚于欧美国家，但是随着社会民众需求不断增加，亚洲健美操的发展逐渐超过欧美国家，主要体现在中国、日本、韩国、新加坡和东南亚部分国家。健美操在亚洲的发展最早起源于日本的引入和推广。日本为了提高人们对于健美操的参与度和积极性，将运动赛事和健美操健身相结合，并且在日本设立国际健美操联合会，吸引世界各地的健美操爱好者。[①]

二、我国健美操运动的起源与发展

在我国，健美操运动的起源并不是没有根据可寻，迄今为止形象地反映我国体操或健美操的最早的历史资料，是1979年湖南长沙马王堆墓出土的西汉时期的帛卷上，上面的人物采用站立、坐、蹲等基本姿势做着屈伸、扭转、弓

---

① 张锦锦. 健美操发展创新思考与技能训练研究[M]. 长春：吉林人民出版社，2021：2.

步、跳跃等动作。这是公元前 679 年的一种名为"消肿舞"的特殊舞蹈，它与现在的健美操运动动作非常相似。

东汉时期的名医华佗曾模仿虎的勇猛扑击、鹿的伸展奔腾、熊的沉稳进退、猿的机敏纵跳、鸟的展翅飞翔，把各个导引动作改编为虎、鹿、熊、猿、鸟五组动作，称为"五禽戏"。也有人称"五禽戏"是我国早期具有民族特色的人体健美操的套路。

如果追溯健美操运动在我国近代发展的历史，早在 20 世纪 30 年代，我国就已经出现了追求人体健与美运动的健美操雏形。

1949 年，中华人民共和国成立后，对于大众健身的问题，政府是非常重视，为了突出全民健身的精神，鼓励大众健身，1951 年，中央广播事业局与全国体育总会筹备委员会正式下达命令，要求全国各地都必须举办广播体操，于是，我国开始将体操与音乐进行结合，同年 11 月 24 日，第一套成人广播体操正式诞生。

伴随着多家媒体的宣传，健美操的大幕徐徐拉开，书籍的出版、报刊的发行、各种各样的动作编排，让健美操在我国的每一个角落都熠熠发光，这意味着，我国健美操的时代来临了。

随着健美操对人们生活的影响，人们越来越意识到，强身健体的重要性。于是，在 1984 年，健美操正式走进了校园，各级学校的教学大纲中增加了健美操这一项目。国家教委非常提倡并鼓励学校能够在教学过程中，引导学生进行有效的课外活动和体育活动，健美操因为其特殊性和趣味性，在校园中受到了师生的广泛好评，一时间，成了当时校园中最受欢迎的体育项目。

2003 年，"国色天香"杯全国健美操锦标赛暨第八届世界健美操锦标赛选拔赛在我国举行，这是我国组织健美操赛事以来人数最多、规模最大的一次，这场赛事不仅规模最大，人数最多，参赛水平也是最高的。这场赛事对于中国的健美操发展事业来说意义非凡，因为这意味着我国的健美操水平终于能够与世界水平齐头并进。在 21 世纪的今天，健美操依旧活跃在我们的视线中，依旧有很多健美操的热爱者为之疯狂，我国每年也会举办不同的健美操体育赛事，采取有效的管理方法，使健美操的管理更完善，更人性化。

各种健美操管理组织的建立、竞赛规则的统一、各种制度的完善，标志着我国竞技健美操运动步入正规化的管理和发展阶段。

第二节 健美操运动的概念与特点

一、健美操运动的概念

健美操是在音乐伴奏下,以有氧运动为基础,以身体练习为基本手段,达到增进健康、塑造形体和娱乐目的的一项体育运动。

健美操起源于传统的有氧健身运动,是有氧运动的一种。健美操属于持续一定时间的中低强度的全身性运动。健美操主要影响练习者的心肺功能,而心肺功能则是锻炼耐力的基础。

健美操运动虽然发展历史不长,但已深受广大民众的喜爱。其内容丰富,简单易学,变化多样,不受年龄、性别、场地、器械的限制,可使全身各关节都得到充分的活动,各部位的肌肉都得到均衡发展,塑造出良好的体态。健美操不仅突出动作的"健"和"力"的特点,而且强调"美"。人体形体艺术和体育美学融为一体,使健美操运动成为极具观赏性的运动项目。随着现代物质文明的不断提高,人们花钱买健康的观念不断加强,健美操运动已成为现代生活不可缺少的组成部分。[1]

二、健美操运动的特点

(一)保持有氧代谢过程

健身性健美操的动作及套路设计,都是以保证健身者在运动过程中能够最大限度地摄入氧气并充分利用氧化来燃烧体内的糖原、突出燃烧脂肪作为能量供给为前提的,以此实现加快体内新陈代谢,重新建立人体更高机能水平的目的。在有氧运动中,呼吸系统、心血管系统及大脑中枢神经都得到良好的锻炼,特别是对于肥胖体形的人们来说,在消除体内多余脂肪、调节脂肪静态平衡、保持健康、增强体质等方面具有良好的效果。

---

[1] 石犇. 健美操与体育舞蹈的形体训练研究 [M]. 长春:吉林出版集团股份有限公司,2020:29.

（二）鲜明的节奏感和韵律感

健美操是一种必须在音乐伴奏下进行的身体练习，音乐是健美操的灵魂。与艺术体操相比，健美操更强调动作的力度。因此，健美操的音乐节奏趋于鲜明强劲，风格更趋于热烈奔放。健美操音乐多取材于迪斯科、爵士、摇滚等现代音乐和具有上述特点的民族乐曲，而正是音乐中的高低、长短、强弱、快慢等有节奏的变化，使健美操更富有一种鲜明的现代韵律感。此外，旋律清晰、活泼轻快、情绪激奋的音乐，不仅能振奋练习者的精神，使人产生跃跃欲试的动感，而且还能使人在练习过程中，忘却疲劳，产生一种轻松愉快的情绪。

（三）动作的多变性和协调性

健美操成套动作的多变性，不仅表现在动作的节奏和力度上，而且还表现在动作的复合性方面。其每节操很少是单个关节的局部动作，大多为多关节的同步运动。如在完成大幅度的上肢动作时，常伴有腰、膝、髋、踝和头部等的动作。这不仅可使身体各关节的活动次数成倍增长，而且还能有效地改善和提高人们身体的协调性。

（四）广泛的群众性

健身性健美操练习形式多样，多以徒手进行锻炼，不受场地、环境、气候等条件的影响，无论是公园、厅堂、家里等地方，都能很好地进行锻炼；同时，健美操也可借助于轻器械进行锻炼，如：哑铃、踏板、橡皮筋、健身球等，所产生的锻炼效果是显著的。另外，水中健美操对于中老年人和一些慢性病、身体创伤的康复病人能起到较好的辅助治疗作用。因而，健美操是男女老幼所青睐的一项运动。①

（五）健身的安全性

健美操在多个方面都充分考虑了由于运动而产生的一系列刺激结果的可行性。它的运动负荷中等、运动强度处于中下水平、练习时间一般为 30~60 分钟，属于有氧负荷范围内，因此，适合不同体质的人群进行锻炼。同时，人们在平坦的地面上，在节奏欢快的音乐声中进行运动，十分安全，并具最佳锻炼效果。

---

① 刘斌，马鑫. 新编大学体育与健康［M］. 成都：电子科技大学出版社，2020：248.

（六）便于推广性

健美操不受时间、地点、场地、天气的影响，也不受性别、年龄、体质状况和健康水平的限制，更不受参与人员的技术水平、运动能力的制约。由于练习形式纷繁多样，运动负荷可大可小，动作有难有易，时间可长可短，使不同的锻炼人群均可以找到适合自己的锻炼内容、方式、方法与手段，所以它的简易性更便于在青少年学生中推广。

（七）鲜明的时代性

健美操融基本体操、现代舞蹈、流行音乐于一体，它作为具有鲜明特色和强烈时代感的新型体育项目，通过节奏强烈的流行音乐、富有时代感的时尚动作以及自娱自乐的心情宣泄，使其洋溢着青春活力和感染力，迎合了当代青年的精神需求，吸引无数青年学生加入锻炼的行列。

（八）高度的艺术性

健美操融舞蹈、音乐、体操于一体，追求人体高强度运动能力和动作完美完成，并且体育与艺术高度结合的运动项目，其表现出高度的艺术性。

健美操是以力量性为主的徒手动作为基础，它所表现出来的力是力量、力度、弹力、活力的综合。在追求人体健康与美丽的过程中，它将人体语言艺术和体育美学融为一体，使健美操成为极具观赏性的运动项目。其主要体现在"健、力、美"的项目特征上。"健康、力量、美丽"是人类有史以来追求的身体状况的最高境界。在健美操运动中，不论是竞技健美操，还是健身健美操、表演健美操，无处不体现着"健、力、美"的特征。它所形成的动作力量风格可充分表现出人体健康的风采、美的神韵和力的坚韧。

第三节　健美操运动的分类与功能

一、健美操运动的分类

目前健美操运动的种类繁多，根据其目的和任务可以分成三类：健身性健美操、竞技性健美操和表演性健美操。健身性健美操的宗旨是全面发展身体；

竞技性健美操的目的是获得佳绩、夺得冠军；表演性健美操的目的是娱乐、观赏，追求形体美和愉悦性。

（一）健身性健美操

健身健美操也称为大众健美操，它有音乐节奏鲜明、旋律轻松愉快、音乐速度较慢、动作简单、运动强度较低、动作形式多、以对称的方式出现、重复次数多、场地要求少、随意性大等特点。主要以健身、健美、健心为目的，集健身、娱乐、防病于一体的群众性、普及型健身运动。健美操的练习形式分为热身部分、有氧练习部分、形体练习和放松部分等几大块，成套动作一般是从头颈、四肢、全身、跳跃、放松等练习顺序来编排。活动的顺序是从身体的远端开始，逐渐过渡到主干部位。健身性健美操适合人群广泛，是一项很好的体育休闲、娱乐健身活动。根据不同的分类标准将健身性健美操分为以下方面：

（1）根据年龄划分。根据人在不同年龄阶段的不同生理、心理、体态、体能等特征和锻炼需要，将健身性健美操分为老年健美操、中年健美操、青年健美操、少儿健美操、幼儿健美操等。

（2）根据性别划分。按照性别分为男子健美操和女子健美操。男子健美操的动作设计突出"阳刚"，动作幅度大而有力；女子健美操的动作设计突出"阴柔"，强调的是艺术性和柔美性。

（3）根据人数划分。按照人数主要划分为单人、双人、三人、六人和集体健美操。集体健美操在练习时，除了包括平时锻炼的动作外，往往增加一些动作组合和队列、队形的变化，以反映练习者平时锻炼的情景。

（4）根据部位划分。按身体部位划分为颈部健美操、肩部健美操、手臂健美操、胸部健美操、腰腹部健美操、腿部健美操等。这主要是针对人体某个部位进行针对性的健身锻炼。

（5）根据练习形式划分。按照练习的形式可以划分为徒手健美操、持轻器械健美操、专门器械健美操等。其中，徒手健美操最为常见。持轻器械健美操中常用的器械有哑铃、球、橡皮带、彩带等。专门器械健美操中常用的器械有踏板、健身球、圆盘、体操垫、健身器等。

（6）根据动作风格划分。按照动作风格划分为拳击健美操、搏击健美操、拉丁健美操、迪斯科健美操、武术健美操、舞蹈健美操、仿生健美操等。不同动作风格的健美操就是在传统健美操的基础上结合了其他不同运动项目的元素而成的。例如，拉丁健美操中就是结合了恰恰、伦巴、桑巴等各种拉丁舞的元素，再结合现代健美操的基本步伐，使其动作丰富、时尚。

(7) 根据目的和任务划分。按照目的和任务划分为形体健美操、康复健美操、热身健美操、韵律健美操、姿态健美操、保健健美操和减肥健美、产后健美操等。

(二) 竞技健美操

竞技健美操是运动员在音乐伴奏下，通过难度动作的完美完成，以展示运动员连续表演复杂和高强度动作的能力。竞技健美操以成套动作为表现形式，必须展示连续的动作组合、柔韧性、力量与七种基本步伐的综合使用，并结合难度动作的完美完成。竞技健美操的主要目的就是"竞赛、取胜"，因此在动作的设计上更加多样化，并严格避免重复动作和对称性动作。竞技健美操可按比赛的规模、项目、参赛年龄不同分类。竞技健美操比赛项目有男子单人操、女子单人操、混合双人操、三人操（性别任意搭配）、六人操共五个传统项目。竞技健美操成套动作必须表现出健美操动作类型（高和低动作的组合）、风格和难度动作的均衡性。健美操动作的姿态要求是躯干直，呈一直线位置，臂腿动作有力，外形清晰。动作编排要合理利用全部空间、地面以及空中动作。成套动作必须包括下列各类难度动作：动力性动作、静力性动作、跳与跃、柔韧与平衡。

(三) 表演健美操

表演健美操是根据所参加的表演的目的预先设计、编创和排练的成套健美操，人数不限，时间不等。表演健美操注重表演的效果，所以对音乐效果、动作设计、队形变化、表演者的动作质量及表现力等要求较高。通常表演健美操的动作较健身健美操动作难度大而比竞技健美操难度动作小，更强调动作风格及表现与音乐风格的协调统一，因此音乐往往重新制作或进行修改制作以达到表演的要求。为了保证一定的表演效果，可在成套动作中加入更多的队形变化和集体配合的动作。表演者可利用轻器械，如花环、旗子、扇子等，还可采用一些风格化的舞蹈动作，如爵士舞、拉丁舞等。表演健美操更强调表演者的表现力，表现力是表演者将编者思想、刚柔相间的肢体语言、音乐的情绪和节奏，以及同伴之间默契配合的一种综合运用能力。这种综合的表现能力可达到烘托气氛、感染观众、增加表演效果的目的。

二、健美操运动的功能

（一）强身健体功能

健美操锻炼，是一种十分典型的运动方式。健美操的动作也是十分丰富的，在练习或者是表演的过程当中可以拉伸筋骨，可以实现强健体魄的基本目标。很多受众进行健美操锻炼，维持身体健康、进行适量运动也是比较具有代表性的一个典型目标。健美操体育运动项目的发展和优化，其核心的目标导向就是"强身健体"，这也是一个十分基础性的目标，只有确保这一个目标的实现，才能够保证其后期衍生性价值作用的发挥。因此，在未来的健美操技巧研究的过程当中，还是应该从核心目标出发，发挥其本质性的作用。

（二）身心健康、陶冶情操的功能

有一些受众对待健美操的看法是比较丰富、多元的，他们会认为健美操不仅仅是一种体育运动项目，同时也可以被归入"舞蹈"的范畴当中去。相比较其他的体育项目而言，健美操的韵律感很强，而且具有美感。特别是温柔健美操，在动作设计上是比较温柔、比较舒缓的。健美操的练习者和观赏者都能够感受到美。这也就让健美操这种体育运动项目不仅实现了锻炼身体的目标，同时还实现了性情陶冶的目标，可以说是"一举两得"。"集合了健美的优势和健身的优势"，这也是健美操这种体育运动项目最为突出的一种风格和属性。

（三）直观性功能

健美操本身是一门重要的艺术。健美操具有优美的造型、千姿百态的动作及色彩斑斓的服装。另外，健美操运动过程当中还需要运动员具有丰富的表情，健美操所要表达的意境通常都是通过利用艺术形象来充分展现的。其中，健美操给人带来的第一印象就是对于"轮廓"的印象，轮廓主要就是指人的形象和外观，人体成了最为直接的一大审美对象，婀娜的身姿及匀称的体型都是健美操运动员所应具备的。健美操能够将健美形体、姣好容貌及自由奔放的姿态相互结合起来，充分展现出现代人的兴趣志向、热烈情感，让观赏者产生精神感应，感受到活力和朝气。健美操运动员的一系列动作产生了直观性价值，充分地体现了力和美，让人产生愉悦的体验。

(四) 动作性功能

在健美操动作设计的过程中，不管是结构设计还是素材选取都需要考虑动作性这一关键要素，要求根据情节编制自如及流畅的动作流程，塑造优美的形象。通常而言，身体动作大概包括下列3种类型。第一，表情性动作。其具备了概括性及类型性特点。表情性动作主要体现在人物性情特点、思想及情感等方面。例如，通过快速旋转、快速跳跃及舞动来充分展现出个体的激动情绪及亢奋心情；通过轻缓优美的动作来充分展现出个体内在细腻的思想情感及平静情绪。第二，说明性动作。说明性动作具备了比喻性及模仿性，说明性动作阐释说明人物行动内容及目标。第三，装饰性动作。整体动作中装饰性动作起到了烘托及点缀效果。装饰性动作没有具体意义及内涵，仅仅只是在说明性动作和表情性动作中起着过渡作用。身体动作大体上涉及装饰性动作、说明性动作及表情性动作，三大部分都发挥着重要作用。

(五) 造型性功能

造型主要是充分展现出动作的表现力。要让动作中具备闪光点，换言之，在对动作进行设计的过程中要做到反复提炼、推敲，编排出具有活泼性、生动性、表现性的动作。健美操造型价值主要集中体现在人体动作姿势造型价值及健美队形造型价值。其中，评价人体动作、姿态造型美或者不美的要素是要观看其是否能够符合大众审美的特点和观念。每一个人的审美观念方面都存在着较大差异性，在对健美操造型美进行评价的过程中往往也各有说辞。有的健美操动作表现出阳刚或者力量美，但是，有的动作表现出舒缓与优雅美。健美操造型动作本身具有变换性及多样性特点。[①]

(六) 节奏性功能

健美操并不是毫无顺序及杂乱无章地运动，而是具备规律性和秩序性，应该充分彰显出节奏性价值。节奏也被称为节奏感，能够直观展现出规律性。节奏分为外在节奏及内在节奏两大部分。内在结构主要就是人的思想及情感在身体内部所呈现出来的节奏感，这种节奏通过外在节奏充分展现出来。通常意义而言，在健美操当中节奏所充分体现出来的是动作速度快慢、动作幅度大小及

---

① 赵鑫. 竞技健美操成套动作艺术价值研究——以第13届学运会大学组男单前8名为例 [J]. 福建体育科技, 2018, 37 (4).

能量强弱。同一个动作由于结构差异性、幅度的变化、速度提升或降低都会展现出不一样的情感特点。例如,为了表现人物豪放爽快的性格特点,可以通过快节奏来充分展现。但是,在讲述人物情感故事过程中,可以通过缓慢的节奏来体现温婉性情,也可以通过优美及轻缓节奏的跳跃来进行描述。

(七)美育功能

1. 融形态和心灵为一体展现美的魅力

人体本身具有曲线美、形态美及匀称美。随着社会日益发展,身体美感受到重视,强壮有力的外形、富有弹性的肌肉受到了人们的欢迎。健美操充分追求这些美感。健美操能够将流畅外形、美丽容颜及高难动作相互融合在一起,给人们带来强烈的视觉冲击。编排不同的舞蹈动作及搭配适宜的音乐伴奏能够充分展现出个体思想情感和体验。健美操同时也具备了舞蹈艺术性动作美、建筑艺术立体感及绘画艺术想象力。健美操是将多种艺术相互融合为一体的活动。健美操运动不仅仅可以促使学生减掉多余的脂肪,让学生体型更加匀称,而且还可以保障人体消耗、吸收二者平衡,有利于学生新陈代谢功能的进一步完善,对于塑造学生身材起着重要作用。此外,学生可以通过健美操来充分展现出对美的感受和认知,进一步提高学生的审美观念和审美意识,让学生不管是在心理上还是身体上都可以朝着美的方向发展。

2. 欢乐及情趣归一展现美之和谐

舞蹈是一种体现人体之美的艺术。通过音乐可以更加形象地进行展示,具有较强的具体性及直观性。健美操将各种艺术精华融合在一起,给人们带来美的感受。健美操将美感享受和强身健体融合在一起,不仅可以让学生身体更加健康,而且还可以让学生在健美操活动当中获得美好的体验。伴随着愉悦、欢快、鲜明的音乐,健美操运动员往往要完成一系列高难度动作,包括旋转、跳跃、托举、支撑等。由于在心理及性别等方面存在着一定的差异性,所以健美操过程当中男、女所能完成的动作往往也具备不同的特点。男运动员的动作体现了力量之美及阳刚之美,女运动员的动作则体现出细腻、优柔及柔中带刚之美,具有比较强烈的感染力。健美操运动能够促使人体各部分协调性得到有效增强,同时可以塑造出亭亭玉立及挺拔有力的线条美,让人的身体更加匀称、和谐,进一步提高学生的审美水平和审美意识。健美操是融合体操、舞蹈、音乐于一体的趣味性运动,音乐在其中起到了重要作用,同时音乐也是健美操的灵魂和核心,健美操所有的动作都需要有伴奏才能够展现出韵律之美。在开展健美操教学活动的过程当中,要高度重视音乐的价值。此外,健美操运动员为了进一步提高自身动作表现力，需要深层次体验和理解伴奏音乐，充分了解音乐内涵，这样才能更好地将节奏和音乐相互结合起来，充分展现出和谐之美及完美动感。①

第四节 健美操运动的理论基础

一、解剖学

健身健美操的基本技术主要有落地技术、弹动技术、半蹲技术和身体控制技术。落地技术由脚后跟或脚前掌过渡到全脚掌，然后迅速屈膝、屈髋缓冲，所有动作瞬间依次完成，用以分解地面对人体的冲击力。弹动技术是健美操的重要的基本技术之一，也是体现健美操的最基本特征的重要因素之一。其主要解剖学原理也是通过髋膝踝的屈伸来缓冲地面对人体的冲击力，下肢肌肉协调用力是弹动动作的主要表现特征。半蹲技术中，要求膝关节不要超过脚尖，脚尖自然外开，上体正直，重心在两腿之间，腰腹、臀部和大腿肌肉收缩发力完成，几乎健美操动作过程中都需要半蹲的出现。由以上分析不难看出落地、弹动和半蹲技术是健美操的基本技术，它们之间是紧密联系在一起的。从解剖学角度看，它们主要由下肢的髋、膝、踝关节的屈伸完成。

身体姿态控制技术是指在成套动作中，无论动作如何复杂多变，身体姿态要求始终控制在良好的姿态位置，始终保持躯干、腰、髋的自然正位和稳固性，始终保持腹肌的收缩和背部的平直姿态，脊柱要始终保持正位。从解剖学角度分析，身体控制的实质是通过骨骼肌力量来控制身体的稳定和平衡的能力，特别是腰背肌对躯干即核心位置的稳定性问题。腰腹位置处于人体的中间部位，人体的重心所在，由腰、骨盆、髋关节形成的核心力量，在四肢动作的衔接过程中，起着承上启下的作用。

---

① 李琴. 关于健美操的艺术价值和美育功能的探讨 [J]. 当代体育科技, 2021 (13).

二、项群训练理论

（一）基于项群训练理论在健美操中的选材

1. 以技能为主导的表现难美类运动项目的选材

在运动员的多年培养过程中发现，有时运动员改换训练项目，会更快地提高专项竞技水平，称为转项成才现象。例如，早期进行体操训练的儿童少年转练跳水、蹦床、自由式滑雪、空中技巧等同属技能主导类表现难美性项目，会取得很好的成绩。

运动员选材的目的是挑选适合健美操竞技需要、具有突出健美操专项竞技潜力的少年儿童加以培养。在少年儿童阶段，运动员的发育还远未成熟，许多先天性遗传性状难以充分表现出来，其竞技潜力的专项指向常常难以确定；但可以较早地确定被选儿童竞技潜力的项群指向。因此，项群选材常常可以早于专项选材组织实施。例如，身材精干、机灵轻巧的少年可以在体操、跳水、技巧等技能主导类表现难美性项群为培养方向；技能主导类表现难美性项群选材时，要选择三维空间定位准确，艺术表现力、乐感、爆发力、协调能力等有良好身体基础的少年。

2. 以技能为主导的健美操专项运动的选材

体操和健美操都是以技能为主导的表现难美性项群，两个项目都是根据运动员完成动作的难度、现场的感染力、个人的表现力与成套的编排等条件来决定最终的比赛成绩。健美操和体操这两项运动都追求音乐的协调性，身体的稳定性，编排的创新性和配合的默契性，技术技巧的难度性。同时，体操与健美操都需要运动员控制力量，展示优美的身体姿态，把握空间，具有强烈的节奏感和丰富的表现力等。

体操与健美操的共性，不仅是因为体操和健美操都属于技能主导类表现难美性的训练项群，还因为它们的特点与规律相似。这些特点类似项目的教练员和运动员可以向同项群中先发展的项目借鉴，吸取训练经验，让暂时落后的运动有可能加速向优势项目靠近。近年来，已经出现了将部分运动员从邻近或者有共性的项目中进行人才选拔的现象，项群训练理论下对健美操的发展与研究将会推动体育人才的快速流动，促进资源的有效分配与发挥，也是项群训练理论与运动训练实践融合的一大尝试。

(二) 基于项群训练理论在健美操中的训练

1. 项群训练理论在健美操中的体能训练

健美操运动员需要体态优美，动作灵巧，身体素质发展全面。在力量素质、速度素质、耐力素质、柔韧素质、灵敏素质和协调素质中，力量素质和柔韧素质是主要的评价指标，它关系着运动员可以完成难度的等级，与成套动作的编排。

需对整体训练进行科学合理的安排同时还需要考虑到健美操运动员适当的休息时间，避免运动损伤。因此，需要对每一个训练阶段的训练时间与每一项训练内容场地选择，进行周密安排。一般情况下，主要围绕各种重大赛事进行布局。比赛越临近，队员的成套训练、技能训练就越多，体能训练逐渐减少。

2. 项群训练理论在健美操中的技能训练

健美操中的技能训练，主要以成套动作的完成质量为主。而成套动作的完成质量主要取决于健美操专项难度动作数量、等级；还有过度连接动作与成套竞赛套路的完整性。同时，实现动作与音乐的紧密结合，动作设计与成套主题情感上的一致性。

在进行健美操的跳跃类难度动作训练时可以借鉴蹦床运动的训练手段。蹦床运动所要求的身体控制和平衡能力也是健美操训练中所需要的能力。健美操的跳跃类，转体类难度，如：屈体分腿跳、直体跳转360°、阿拉C杠等，都需要优秀的身体控制与平衡能力。蹦床是增强身体协调性、灵巧性、滞空感、平衡感最佳的运动形式。利用蹦床的弹力，可以使人体保持腾空的同时训练各种不同的难度动作，从最简单的垂直腾跃，到空中的空翻，转体以及更多的难度动作。帮助跳跃类难度短板的运动员找到腾空过程中腿部如何发力，促进运动员在难度练习中更快找到发力感，提升训练效率，达到更好的训练效果，从而提升健美操运动员的专项竞技能力的储备量。

3. 项群训练理论在健美操中的战术训练

成套参赛动作的创编，是健美操在战术应用上的重要一环。在尊重比赛规则的前提下充分利用规则对成套动作进行编排与创新，同时需要与运动员的技能相结合，扬长避短，保证运动员赛时竞技能力的稳定发挥。在长期接受健美操专项训练的运动员中，有的运动员的空间感好，时间把握准确，身体姿态控制能力强。有的运动员弹跳能力好，更倾向于弹跳加转体类难度，在操化动作的设计中可以更多地加入运动员自身更倾向的难度动作。而健美操集体竞赛项目则需要运动员之间配合默契。无论是单人还是集体项目，运动员都需要准确、熟练地把握节奏与成套，转化为肌肉记忆，向自动化靠近，做到临危不乱，具备成功展示的信心与能力。

在不同时期，有不同的战术上的安排。在技能主导类表现难美性项群中，战术动机决定着成套动作的创编以及训练内容和组织方式。健美操运动的战术能力在准备期表现为合理运用规则，突出特长技术，提高成套创编的创新性，以提高完成分、艺术分为主；训练期则是运用各种训练方法，提高运动员的难度完成质量，确保难度动作的稳定性和成功率；比赛期则通过录像或者现场观看比赛等手段，了解对手信息，寻找对手的缺点与闪光点，吸取经验，为下一次比赛做准备。调整期内要尽可能地改进参赛的全部内容，精益求精。将音乐、动作和自我情感的完美结合，稳定发挥个人技术，完美展示个人或团队的表现力，感染裁判员。

4. 项群训练理论在健美操中的心理训练

传统的健美操训练经常会忽视这样的问题，那就是运动员自身心理承受能力的问题，这就导致运动员在比赛过程中可能会因为外界因素出现消极情绪，进而失去比赛信心。那么在训练过程中就需要借助项群训练理论，以通过这样的方式来制定合理的训练计划。例如，在训练过程中若要有效提高运动员心理素质，就可以借鉴训练对运动员心理素质训练的方式，以保证可以通过这样的方式来提高训练效率与质量。在训练时可以为运动员创造出紧张的环境，并通过小组竞争的方式让运动员时刻保持紧张状态，同时还需要尽可能地组织运动员参与一些大型赛事，以通过这样的方式来锻炼运动员心理承受能力。不仅如此，在比赛期间运动员还可以对一些失误进行总结，在这种高强度的心理素质训练中，运动员就能养成一定的应变与承受能力，以保证运动员能够更好地适应不同环境，即使在比赛中遇到强大的对手也能够保持良好心态，进而有效提高运动员自身综合能力，保证健美操运动能够在其后备资源不断提升背景下蓬勃发展。[①]

三、生物力学

目前竞技健美操逐渐发展与完善，其主要测评方向是依据观赏性原则注重动作难度和动作完成性，从单一动作向成套动作为准，既强调了运动员个人素质和运动美感，也强调了动作连贯性和成套性的重要性。从目前来看健美操运动过程中，注重力学原理是后续发展方向和改进运动员能力的重要依据。

---

① 田钿. 基于项群训练理论下健美操运动的发展分析［J］. 文体用品与科技，2022（1）.

运动生物力学在我国已经在多种竞技类体育项目中得到广泛应用，其研究分为人体内部研究和人体运动器官与外部整体运动存在的力学两类，根据目前运动生物力学的应用现状来看，在广泛领域获得了运动员教练员的认可，作为新兴学科和研究手段，健美操运动生物力学也获得了长久发展，通过运动生物力学的影像技术和数据分析，在多种健美操运动中实现了数据的完美展现，一方面加强了健美操运动员自身用力情况的了解，在具体动作中可以实现最大化经济用力，另一方面也加强了用力与外部动作的熟练度，在跳跃高度、瞬间爆发、腾空角度和时间等多方面建立了内在联系，提供了理论研究数据和基础，摆脱了长期以来的经验主义，有效避免了健美操运动过程中整套动作后续乏力导致动作不协调现象。

第二章　健美操训练

训练是提高健美操能力和水平的重要手段。科学的健美操训练方式是非常重要的，也是提高健美操训练效率，提升健美操训练效果的必然选择。本章主要对健美操训练进行了系统阐述。

第一节　健美操训练的原则

一、系统性原则

常年和多年不间断地进行系统训练，是巩固运动技能的需要，是运动技能系统化积累的需要，也是健美操取得优异成绩不可缺少的一环。多年系统训练和周期训练，是贯彻系统性原则的重要手段。在贯彻该原则时，要明确目标，做到身体训练与技术训练相结合；注意训练周期的安排，做到循序渐进；接近比赛期时，要有调整运动量的措施，使在比赛前达到最佳竞技状态。

二、区别对待原则

区别对待是调动运动员的自觉积极性、发现和培养有前途运动员的重要原则。健美操作为个人、混双、三人项目参加比赛，在训练中遵循区别对待的原则显得尤为重要。区别对待原则必须反映在训练计划及训练的始终，使训练任务、内存、手段、方法和运动负荷，符合运动员的个人特点，做到有的放矢。

"全面型"的运动员是不多见的，教练员只有对运动员的情况了如指掌，才能在个别对待中做到"对症下药"，扬长避短，当机立断。对于那些在某些素质和技术上不足的运动员，则应加强薄弱环节的训练，尽快提高运动技能。

三、周期性原则

周期性原则是指整个训练过程要按训练阶段组成的运动周期循环地进行。周期性原则是以竞技状态的客观规律为依据的，后一周期应在前一周期的基础上提高，从而创造出最佳成绩。每个训练周期或不同的训练阶段，都有具体的任务、内存、负荷量、手段和方法，彼此间既有独立性，又相互衔接。在健美操训练中，贯彻周期性原则时，应根据主要比赛任务和对象特点，合理安排多年或全年的训练周期；注意周期间的衔接，后一周期建立在前一周期的基础上，使每两个周期间都能"承上启下"；确实抓好每周的"小周期"训练，不适之处及时进行调整。

四、直观性原则

直观教学的手段和方法很多，在健美操训练中更强调对直观性原则的运用。初学者多采用直接示范，到了一定水平后，可采用图解、录像、直接观摩优秀运动员的表演和比赛等手段，结合恰当的比喻、形象的讲解，以及教练员对运动员动作技术的观察分析，经过研究讨论，启发他们的积极思维活动，并逐步找出完成动作的规律性；也可用语言信号、助力、固定身体姿势，或慢速做动作，体会空中的方位、肌肉用力等。

五、合理安排运动负荷原则

健美操教练员应当在超量恢复理论的基础上，联系训练任务以及训练对象的实际情况，有目的、有意识、有节奏地增加训练负荷，从而保证训练负荷达到练习者可以承受的最大限度，从根本上提高练习者的训练水平。

诸多训练实践证实，在合理安排、严密组织、良好医务监督的基础上，在健美操训练中循序渐进地增加运动负荷是可行的。对于多年训练计划来说，大运动量的训练应当把大运动量、中运动量以及小运动量有机结合在一起，应当遵循加大-适应-再加大-再适应的过程发展。与此同时，健美操教练员在增加运动训练量时，应当把练习者的性别、年龄、体质、训练水平、健康状况、思想状态等多重因素都纳入考虑范围。对于业余训练来说，时间与数量都会对训练活动产生限制，所以教练员应通过调节训练密度和训练强度来调节运动量。教练员在通过提高训练强度来增加运动量时，也要把练习者身体局部的情况考虑在内，判断是否达到可行性要求。除此之外，对于需要精细分化的技术，不建议教练员安排大运动量的训练。

六、全面训练与专项训练相结合原则

训练实践活动表明，健美操训练中将全面训练和专项训练有机结合在一起，往往可以获得理想的训练效果。针对正处在身体生长发育阶段的练习者而言，教练员一定要组织和安排这些练习者参与全方位的身体素质训练，练习者长时间参与健美操专门训练往往会对其全面发展产生负面作用。

由此可见，一定要把专项训练和全面训练、身体训练和专项技术训练有机结合起来，使练习者已经有所提升的身体素质得以保持并将其应用于健美操技术训练中。一般来说，教练员应当把训练初期的侧重点设定为身体训练，当练习者达到一定水平后再进行健美操专项训练。另外，健美操教练员应当选择和运用多元化的全面训练手段。

七、全面发展与针对性训练对立统一原则

健美操运动是一项综合性特征尤为显著的运动项目，不仅对练习者的体能水平提出了很高的要求，还要求练习者在心理、文化以及审美三个方面产生不同寻常的想法。在健美操训练过程中，教练员不只是要安排健美操专项特有的内容，还要有针对性地安排健美、舞蹈、表演、美学、艺术鉴赏等内容，从而使练习者的综合素质得到大幅度提升。教练员应科学安排核心内容和相关内容的训练，因为练习者之间同时存在共性和差异，所以教练员要妥善处理共性和差异之间的矛盾和冲突。[①]

第二节 健美操训练的方法

一、想象训练法

健美操想象训练法是指学生在练习前通过对健美操动作技术要领的想象，在大脑皮层中留下技术动作形象，然后在具体的训练中激活这些形象，使健美操技术动作完成得更为顺畅和正确的一种训练方法。

学生在运用想象训练法进行训练时，要与各种感觉相结合，即在大脑中对

---

① 赵静晓. 健美操教学训练系统设计与方法研究［M］. 太原：山西经济出版社，2019：100.

动作技术想象的同时，同步地与机体的各种感觉结合起来，把想象变成动作实践。想象训练法因对学生的抽象思维能力要求较高，训练实践中较少采用。

二、难度训练方法

健美操的难度系数是影响健美操专业技术的一个重要的因素，但是难度的增加不应该是突然的，而是应当循序渐进地进行的。当学员对一套动作有了基本的连贯性完成之后，通过熟练性的练习使动作更加流畅，继而在熟悉的基础上将有难度的动作逐步地加入其中。在健美操难度训练的过程中，需要学员在前期能够积累一定的技术技巧，并且训练方法得当，这样才能在此基础上增加难度系数。教练一般会采用动作分解的方法将有难度的动作分解为许多部分，教会学员每一个动作的要领，也就是分解训练法，然后再对整体性进行训练，反复加强练习，形成一套流畅的动作体系，并且对有难度的动作采用重复训练法、持续训练法以及比赛训练法加强训练，在了解动作要领的基础上丰富动作细节。

三、完整与分解训练法

健美操完整训练法是指学生将健美操运动技术动作从开始到结束完整地进行练习，从而掌握健美操动作技术的训练方法，其优点在于帮助学生建立完整的技术动作概念，不致影响健美操动作结构的完整性，适用于较为简单或不宜分解的动作技术训练；健美操分解训练法是指将一个技术动作分成若干个环节分别进行练习的方法，其优点是可以减少训练难度、增强学生学习健美操的信心，适用于复杂的技术动作及技能主导类表现难美性项群的成套技术动作训练。运用完整与分解训练法应注意以下几点。

（1）一些不是很复杂的动作可先进行完整训练再进行分解训练。

（2）有一定难度的动作技术多采用先分解后完整的训练，但注意不要破坏动作的完整性、不影响技术动作的结构特点、不破坏动作各部分之间的有机联系。

（3）较高水平的运动技术，采用分解训练法的比例应大一些。

（4）"先分解后完整"或"先完整后分解"都不是固定的训练程序，训练实践中应根据具体的技术动作的难度、结构及学生的心理特征等来确定采用何种训练法。

四、健美操表现力训练方法

健美操的艺术表现力不仅从队员的动作肢体上表现，同时也能够从学员的面部表情上展现出来，在音乐的映衬下，让面部富有变化，展现出激情和喜悦，带给观众感染力。通常在健美操表现力方面，教练所采用的方法有表情法、风格组合训练法、舞蹈训练法、观察法、情绪调动法，这几种方法都是比较有效果的针对性的训练方法，可以将学员的情绪进行很好的调动，同时通过对学员眼神和动作的不断调整，使其在展现的时候能够感染观众，带动观众，将舒展优雅的舞姿展现给观众，把健美操动作与音乐律动融为一体。[①]

五、核心训练法

核心训练法是近年新兴的训练方法，主要应用于健身、健美领域，这种训练方法主要基于认识到体能训练中躯干肌的重要作用。因此，将以往主要用于健身力量训练方法拓展到健身、健美、竞技体育领域而被提出的。"核心"是一个分步、分级、分层的有机整体，这是核心训练的核心。

在解剖学上，学者认为核心部位的顶部为膈肌，底部为骨盆底肌和髋关节肌。也有学者认为，核心部位包括胸廓和整个脊柱，将整个躯干视为人体的核心区域。在功能上，一些学者将构成或提高核心稳定性的力量能力称为"核心力量"或干稳定力量。在健美操具体的训练实践中，肌肉的部位有深浅，动作的时间有先后，用力有主动、被动与协调，并受神经内分泌、屈伸、向心、离心等因素的影响，因此在训练中应充分考虑这些因素。

六、功能训练法

功能训练是一种为提高专项运动能力而加强核心力量、使神经系统更加有效训练的方法，在健美操训练中较少采用。

功能训练是一种训练"动作"或"姿势"的控制力和精确性活动，它不强调某一具体动作中的四肢力量的过分发展，而是重视多关节、多平面的训练，并把机体的平衡控制和本体感受纳入训练实践当中，强调全身动作的一体化和控制平衡。

---

① 孙琴. 高校健美操训练方法的运用现状研究 [J]. 文体用品与科技, 2022 (22).

七、情商训练

健美操情商强化训练是针对舞操者竞技状况和对练习动作中出现困难的克服能力而采取的系列心理承受能力训练。由于健美操在我国的竞技体制还不完善，高校间的大型赛事竞技不多见，因此学生能够参与赛事的机会少之又少。在这种情形下，训练舞操者面对赛事时的良好心理和克服日常训练时的负面情绪成为健身教员日常训练的重要课题。

八、操化训练

健美操的操化训练是将健美操的基本动作、步伐和体态合成一个系列组合而进行的变形练习，这是健美操成操的初期准备阶段。操化训练的基本内容是训练舞操者熟练掌握基本动作、健美步伐以及标准化舞操者的身体姿态，继而将这些单元串联过渡组成小的组合或编设基本步法的变形，通过这些训练来强化健美操练习者身体的灵敏度和肢体动作的协调性。训练方法中可使用变奏训练法来培养舞操者的异位立体感及舞操者操化手型练习的灵活性，采用跳跃法来强化舞操者对动态条件下自身身体平衡的控制能力。

九、基本仪态训练

健美操的目的之一是通过健美操来实现跳操者身心的塑造，这就要求练习者能够完成形体和舞蹈中的基本动作。基本仪态训练是通过反复大量的伴乐基本动作训练来培养健美操练习者对音乐的乐感和对音乐的领悟能力，实现将机械化力量化的动作与音乐融合。练习者在进行基本动作的训练时将艺术化的单元动作进行组合，令其形成一套可以随着旋律舞动的作品。训练过程练习者要在熟练掌握基本单元动作的基础上，通过领悟音乐的意境将动作与音乐旋律有机融合在一起，发挥舞操者自然的和乐而动的表现张力和感染力。

第三节　健美操与体能训练

一、力量训练

运动员只有在较强的身体素质条件下才能将更好的状态展现在舞台上，带给观众流畅、优美、震撼的表演效果,完整的健美操技术运动要有爆发力作为支撑,这也是体现健美操技巧的核心点和驱动点。健美操核心力量训练与一般的力量训练存在很多的相似性,但是训练目的还是有一定区别的,健美操核心力量训练是指能够使运动员在调整、强化人体骨盆、脊柱的同时增强身体重心的能力,从而与上下肢之间的力量传递实现协调的有机配合。一般地,在健美操核心力量训练中,教练员可在特定的条件、负荷和强度下刺激运动员的肌肉群,使运动员不断克服和提高自身核心肌肉群力量。核心力量训练对于健美操运动员的整体身体素质提升具有重要的促进作用,有利于健美操运动员把握身体的协调性、稳定性。

(一)力量训练的方法

1. 上肢力量训练方法

(1)俯卧撑练习:侧倒、击掌、单臂、腰间、冲肩、钻石、反手、虎扑、腾空、翻转、跳起落成俯卧和倒立俯卧等。要求慢下快起,快速推起,并掌握合理的呼吸方法,肌肉用力收缩时呼气,还原成初始动作时吸气,用力过程中,不能出现长时间憋气。

(2)双杠支撑练习:双杠直臂悬垂、支撑摆动、支撑向前移动。两臂支撑住身体,腰腹用力使身体直立,不要低头耸肩。

(3)双杠双臂屈伸:练习时,两手握住双杠,支撑住身体,两腿并踝,蹦脚尖,身体成直线,做动作时,屈伸速度先慢后快,身体下降至最低位置,双臂用力将身体撑起至原来姿势,继续练习。

(4)引体向上练习:反手、腰部负重等。两手一同握杠时,略与肩同宽,身体稍微放松。利用背阔肌的力量将身体由下朝上拉起,当下巴超过或保持在单杠同一高度时,稍做暂停,还原至准备姿势,继续练习。

(5)哑铃正、反握手腕弯举:靠手腕的力量来上下举动。

(6)运用哑铃或杠铃等方法,练习各种推举,如哑铃前平举和侧平举、上斜哑铃推举、卧推杠铃等。在开始做推举练习时,运动员首先应快速完成各种推举动作,培养其肌肉快速收缩和肌肉放松的运动能力,使其适应竞技健美操项目的要求和特点。

2. 核心力量训练方法

(1)非持器械的单人训练法

①仰卧顶髋

竞技健美体操运动员仰卧于地面,身体保持屈膝,双臂要自然放置在身体的两侧,并向上顶髋,髋、躯干和下肢保持直线状态。保持一组四个动作,做好两组动作后，若需要加训练强度，则适当增加动作组数。训练的方法内容及顺序如下：运动员身体保持着仰卧顶髋的姿势；保持该动作的基础上左腿慢慢抬起，抬起左腿之后，右腿也慢慢抬起。双腿分别慢慢地回到第一个动作。每个动作的保持时间是 30 秒即可。

②仰卧

脚尖与小臂作为身体支撑点，身体各个部位保持在同一条直线上，每七个动作为一组，一般情况下，两组即可，若需要加大训练强度，则适当增加即可。训练内容方法及顺序如下：竞技健美体操运动员身体保持俯卧，肘撑身体的姿态；保持该动作基础上将右手臂缓缓抬起，同时抬起左腿，然后放下；做相对方向的动作，即为左臂缓缓抬起，右腿紧跟抬起，回到起始动作之后；仰卧垫子上两头抬起进行控制，最后一个动作保持一分钟即可，其他动作需要保持 30 秒。

③侧撑

竞技健美体操运动员的手脚在一侧，且作为整个身体支撑点，另一只脚则放在同侧脚的脚面上；另一只手则举起，与其保持垂直状态；侧身支撑身体，身体的其他部位需要保持直线位置。每组六个动作，做两组即可。训练内容方法及顺序：运动员保持侧撑的姿势；保持该动作基础上，一侧外侧的腿缓慢抬高；保持姿势，用另侧的手脚重复同样的动作；每个动作保持 30 秒。

④仰卧两头起

竞技健美操运动员仰卧在训练专用海绵垫，双腿自然地弯曲且分开，双脚掌紧紧抓住地面双手放在脑后，然后双肘需要保持在双耳的延长线内，仰卧起坐角度为 30°，身体 V 字形，两头缓慢抬起来；仰卧在海绵垫，运动员的上身保持坐起的状态，双腿与上半身呈现的角度为 90°内，双臂慢慢举起来，并保持对称且在双腿的外侧。收腹抬起双腿，双腿保持伸直状态，呈现出垂直角度之后然后缓慢放下，重复上述动作。

（2）持不稳定器械做支撑训练

①瑞士球动力与静立训练

瑞士球静立训练可增强运动员核心身体部位的力量，训练方法分为两种，分别是仰撑，手臂撑于地面，身体呈现出仰撑姿势，脊柱平行地面，双脚在瑞士球上；俯撑训练，双手臂撑于地面，身体为俯撑姿势，脊柱也平行于地面，双脚放置在瑞士球上。瑞士球核心力量训练过程，尤其是动力性训练，加强运动员核心部位的深层小肌肉群的力量。动力性训练一般方法是，仰撑顶髋、俯卧撑与旋髋姿势，双脚在瑞士球上，做出同静立训练相似动作。

②闭眼、睁眼下的蹲起站立训练。

竞技健美操运动员闭眼、睁眼下的蹲起与站立，反复进行训练，是针对稳定与平衡性展开的训练。在这一动作进行下，站立训练能加强运动员对本体的强烈感觉，而蹲起力量训练，能够强化运动员核心肌群的力量，提升其身体协调与控制力。[①]

3. 下肢力量训练方法

（1）快速跳绳：两肩放松，手腕发力摇动跳绳，脚尖点地，紧绷腰腹和臀部，动作尽可能轻盈且有弹性。

（2）连续原地分腿跳、科萨克、团身跳等难度动作相结合进行练习。

（3）快节奏基本步伐组合、操化练习、各种形式的踢腿以及负重练习，可以有效地提高腿部力量，还能提高脚下的弹性。

（4）杠铃负重蹲起练习：运动员在准备杠铃负重蹲起练习时，先将杠铃放置于颈后，双脚自然开立与练习者肩膀同宽，两膝直立屈膝自然下蹲，收缩用力。在身体完全立起之后，要再还原成事先预备好的姿势。

（5）结合单个难度动作或成套，进行耐力训练。

（二）力量训练注意事项

1. 专门化原则

在进行力量训练时，首先要根据竞技健美操运动员身体素质之间的差异，选择专门性的练习，其次要与竞技健美操动作紧密结合，分析该专项动作所动用的主要肌群以及该肌群完成的动作方向、用力程度和用力类型等。在安排力量训练时，既要选择合适动作，又要注意选择合适的训练方法，从而实现力量与技能的同步提高。

2. 合理安排顺序原则

（1）安排顺序：力量训练是由多种力量练习组成并由多种肌肉配合完成，而小肌群比大肌群更容易产生疲劳，因此一般情况下，大肌肉群的训练在前，小肌肉群的训练则安排在后。

（2）力量训练的节奏：第一次力量训练，应尽可能地安排在前一次力量训练引起的肌肉收缩力量增长的高峰期。训练者在正常情况下 3 大内可达到超量恢复，同时也是力量增加的最佳时期。因此，应掌握合理训练时机发展力量素质。

[①] 李鹤. 核心力量训练对竞技健美操训练的应用研究［J］. 文体用品与科技，2021（7）.

3. 循序渐进原则

人体对运动负荷的承受能力需要有一个适应的过程，如果运动负荷一次过大，容易超过人体对运动负荷的适应能力。应依据运动员的实际身体素质，进行训练，逐步提高。[①]

4. 做好准备活动和放松工作

练习前的热身操和准备活动可以有效调整运动者训练前的不良状态，克服人体内脏器官的生理惰性，提高比赛前人体温度使肌肉的伸展性，使柔韧性和弹性增加，从而减少和有效预防训练前和赛前运动不当造成的肌肉损伤。而拉伸、按摩、揉捏等放松肌肉的运动，可有效缓解运动员的各种精神压力，并使疲劳的肌肉得到全面放松，使人体肌肉保持良好的生理机能，快速恢复状态。

二、速度训练

健美操的速度也反映了队员在训练时对动作的反应程度以及对节奏的把握，需要运动员通过对动作要领的了解，熟悉之后进行熟练度的训练，动作连贯并熟练之后在规定的时间内高标准地完成动作并呈现出一定的表现力。动作的速度必须在保证动作到位的基础上进行训练，不能因为要完成高速的动作而忽略动作技巧，影响了动作的质量。信号刺激法、重复训练以及变换训练是教练在健美操速度训练的过程中通常会采用的方法，通常在上场时间缩短并且动作难度系数增加的情况下，采用信号刺激法对队员进行训练能够产生良好的效果，让队员能够下意识地将完整动作呈现出来。重复训练和变换训练则是为了增加学员对动作的熟练程度，以此来提高健美操整套动作的速度、耐力和韧性。

三、耐力训练

健美操运动的整套动作训练需要健美操运动员连贯地完成，这就需要健美操运动员具备一定的耐力素质，以此来提高机体的抗疲劳能力，同时培养健美操运动员坚毅顽强的奋斗精神，从而为竞技健美操运动竞赛的稳定表现奠定基础。在严格遵守运动生理学等多学科理论的发展规律和原理基础上选择适合健美操运动员的训练内容和方法，健美操一般耐力训练经常与动作组合的重复、间歇训练和力量训练内容相结合，以此来达到理想的训练水平；专项耐力训练

---

① 杨博. 竞技健美操运动中力量训练的重要作用及训练方法探究［J］. 当代体育科技，2022（7）.

则需要结合相应的训练目标和周期训练计划做出相应的安排,可通过组织不同强度的训练内容、有氧耐力训练,也可借助课内外集中化训练模式展开,同时要严格监测健美操运动员的耐力训练间隔和负荷强度,常通过心率监测来有效调整耐力训练水平,以实现最为理想的训练效果,切忌造成运动损伤或运动疲劳。[1]

四、柔韧性训练

竞技健美操运动中的高难度动作对运动员的柔韧素质提出了严格的要求,只有在此基础上才能保障成套动作的完整性、优美性和表现性。柔韧素质主要指人体各个关节的活动幅度,肌肉、韧带的良好弹性和伸展能力等,因此应重视对健美操运动员柔韧性的训练和培养,同时也要兼顾运动肌肉的放松环节,动作的刚柔兼具是健美操动作具有很好感染力和表现力的重要因素,这种肌肉关节和动作之间的协调配合不仅表现在速度方面,同时还要求健美操运动员具有良好的节奏感。在健美操的柔韧素质训练中最常用的方法就是拉伸练习,主要指在音乐节奏的配合下,保证健美操运动员功能性训练,同时为柔韧训练增添一定的娱乐趣味性。拉伸练习不仅可以提高机体软组织能力,长期坚持拉伸练习有利于延长肌肉、肌腱运动长度,从而在完成健美操动作的时候可以刺激韧带的同时,增强四肢各肌肉关节的柔韧性。此外,健美操柔韧素质训练方法还有侧颈拉伸、勾脚体前屈、背后祈祷拉伸等形式多样的练习手段。

五、灵敏素质训练

健美操动作的连贯性、协调性以及充分性的发挥,都需要具备相应的灵敏素质,在此素质的基础上才能发挥运动员更佳的状态,那么健美操灵敏素质即通过身体协调能力的配合作用下,将各个动作加以呈现,从而确保动作的流畅和优美。健美操常用的灵敏素质训练方法主要有软体训练法,这也是典型的运动手段之一,主要有快速垫步跑、小步跑、并步移跳及开合跳等,以此来训练健美操运动员的反应能力、速度能力、协调能力等多种综合能力。例如在训练实践过程中可开发类似变向、转换动作小游戏,不仅可以大大提高运动员的灵敏素质能力,同时还可以活跃课堂气氛,提高健美操体能训练的效果。

---

[1] 陈晓洁. 健美操体能训练研究 [J]. 体育风尚, 2020 (4).

第四节 健美操与心理训练

一、心理训练的概念及构成

心理训练是现代体育科学技术与心理科学应用技术相结合的产物，是为了适应体育训练与竞赛的需要而逐渐发展起来的，对运动员的心理进行意识性、目的性的影响和教育，做好各种心理准备的训练过程。具体内容包括运动员的观察力、思维力、自觉性与坚持性等良好品质的培养，"速度感""姿态感""节律感"等专门知觉的形成，动机的培养与激发，能力的培养等。

心理训练分为一般心理训练和准备具体比赛的心理训练。一般心理训练贯穿于体育训练全过程，具有系统性和经常性，有利于运动员专项心理品质和个性特征的培养和提高，例如健美操意志品质的训练。准备具体比赛的心理训练针对性很强，是与比赛任务结合进行的，它能够帮助健美操运动员学会有效的调节和控制自己的情绪和行为，使其在较短时间内形成最佳的心理状态参加比赛，集中注意力训练、诱导训练等就属于准备具体比赛的心理训练。

二、影响健美操运动员的心理因素

比赛过程中的心理训练极为重要，在竞争激烈的体育竞赛中很多不确定因素会影响运动员的心理状态，使运动员出现紧张、激动、兴奋、焦虑、恐惧等心理现象，从而影响运动员技能水平的正常发挥。

（一）心理紧张

比赛前心理的适度紧张，有助于运动员调动机体各器官、系统功能，提高中枢神经系统的兴奋性，调动身体已有或潜在的能量，促进运动员最佳心理状态和竞技状态的形成，为获得优异运动成绩做好充分的准备。

但是，心理过度紧张，大脑皮层对中枢神经的调节活动减弱，运动员兴奋性受到抑制，导致运动员心理活动失常，参加比赛时注意力不集中，影响队员间的协调配合；对动作知觉和表象模糊不清，使运动员忘记动作、方向、路线；失去控制自己行为的能力，影响运动员身体姿态的控制、动作的力度、幅度、准确性、流畅性；这都必然影响到比赛的结果。

（二）盲目自信

健美操比赛通常分为预赛和决赛，在预赛中运动员表现良好取得了较好的成绩，可以增加运动员的信心，但是，当运动员参加比赛的信心超过了他的实际具有能力时，便产生了盲目自信。导致运动员缺乏对比赛的复杂性、艰巨性和困难情况的了解、分析与估计，小看对手的实力，对自己或本队的能力估计过高，认为很容易就能取得比赛的胜利，从而对运动员的心理造成不良的影响，使其表现为盲目自大，自以为是，行为懒散，注意力不集中，注意强度下降，遇到困难和挫折就急躁不安，不知所措。从而导致思维的敏捷性和灵活性下降，思维迟缓，动作的准确性、动作间的衔接、过渡不流畅，动作、音乐、器械不能协调统一，影响动作完成的质量。

（三）情绪消极和心理淡漠

情绪消极就是当运动员在激烈竞争的刺激下，心理压力增大，超过了心理的最大承受能力，使其产生一种失常的心理现象。运动员大脑皮层兴奋过程受到抑制使其出现心理淡漠。导致运动员情绪低落、意志消沉、体力和智能下降、注意力分散、反应迟缓、缺乏参赛动机，失去比赛信心。消沉、低落的情绪使运动员兴奋性下降导致调动身心机能与潜在能力的能力下降，从而影响动作的速度感、姿态感、节律感，使动作的表现力、感染力下降，影响比赛成绩。

（四）心理焦虑

心理焦虑就是指运动员在训练与比赛中，当前的现状使其难以克服困难与障碍，达不到训练与比赛目标，对自信心和自尊心造成潜在的威胁，使失败感和内疚感加重所具有的担忧倾向。然而，训练过程中适当的心理焦虑可以激起运动员自身竞技素质、竞技水平现状的紧迫感，激发运动员的学习积极性与主动性，促进专项技能、竞技能力的提高；但是如果运动员对预计威胁产生过度担忧和恐慌，往往会夸大获取比赛胜利的困难因素，低估自己的实际竞技能力，惧怕比赛失败，辜负他人的期望而产生焦虑，影响参加比赛的信心。心理焦虑会导致运动员不自信，影响已有水平的发挥；心理恐惧、身心疲惫，体力下降，导致动作准确性、难度动作完成差；队员间缺乏信任，影响配合动作的完成与动作的整齐度，使得动作完成效果不佳，影响运动成绩。

(五) 环境因素

环境因素主要体现在运动员外出比赛期间，特别是竞技类项目，运动队一般会在将近赛前抵达比赛地，抵达后一般不会有太多的时间段让运动员来适应当地的气候。

(六) 赛场因素

众所周知，每一场竞技健美操比赛的场馆、竞技板的弹性及竞技板随天气变化的湿滑程度等都会变化，这也需要运动员去适应，试用场地期间调整心理状态，积极训练，然而那些长时间无法适应赛场的运动员也会产生极大的心理压力。

(七) 赛前不可预测因素

有些运动员，在比赛前还会出现一些不可控制的因素，例如赛前一天由于过度兴奋和紧张无法入眠，从而导致比赛当天状态不佳。参加竞技比赛的运动员都想取得好成绩，比赛中常常会遇到实力接近的情况，有的运动员在这时产生巨大的心理压力，想战胜对方，却忘了比赛真正的意义，首先要战胜自己的心理，挑战自己的最佳成绩，而不是为了打败对方，给自己压力，反而容易失误。只有不断做好心理建设，专注完成自己的成套动作。或有些运动员认为在强大的对手面前获得胜利才是真正的胜利，正是这些因素也导致了运动员心理压力大，会造成运动员训练心理上的问题。比赛中心理状态的好坏直接影响了成套动作的发挥、难度的完成、现场的感染力等，裁判和观众是最直观感受到运动员的表现和心态变化的，运动员在场下、比赛过程中、难度完成中无论出现怎样的状况都可以从容应对，才能征服观众，也战胜自己，这样才能在一次次的比赛中不断有所收获，从而获得良好的运动成绩。[①]

三、心理训练对健美操竞赛的作用

(一) 心理训练对健美操运动员的作用

运动员进行心理训练可帮助其确立远大的奋斗目标；坚定获取胜利的信念；培养对专项运动的稳定兴趣；提高和完善运动员从事专项运动所需要的心理品质，以积极的态度对待训练与比赛、荣誉与挫折等。心理训练能够提高运

---

① 牛嘉．竞技健美操运动员心理变化的影响因素及训练方法［J］．当代体育科技，2020（5）．

动员的情绪控制能力，有效的解决竞赛中情绪变化对比赛的影响，帮助运动员调整情绪使其保持在最佳竞技状态以适应比赛的需要参加比赛。

（二）心理训练对健美操运动队的作用

心理训练能够培养队员间的默契程度，增进队员感情，培养团队的竞技特征与个性特点，培养队员间共同协作处理问题的能力，减小队员间的个体差异对运动训练的影响。任何一名队员训练时心理状态不好都会影响整队的训练计划与效果，也会影响到其他队员的心理状态，进行心理训练可以减小甚至避免这样的影响。

四、健美操运动员心理训练策略

（一）运动训练准备期

准备期的训练目的任务是提高运动员的竞技能力，并培养和促进竞技状态的形成，运动员良好的心理状态可以积极地促进训练任务高效率、高质量地完成。准备期训练时间较长，训练过程比较枯燥乏味，运动员的心理变化较复杂多变。

运动训练的长期性、艰苦性要求运动员进行意志品质的训练。进行意志品质训练激发运动员参与训练和比赛的兴趣，帮助运动员明确训练目的，树立比赛信心，消除心理障碍，培养运动员心理承受能力、自我调控的能力，增强运动员面对困难坚强、勇敢并积极克服的能力，以及坚韧不拔、坚持不懈、毫不畏惧的个人品质。

训练休息期间，教练员通过念动训练法用形象生动的语言描述正确动作，运动员在大脑中进行想象，建立正确动作概念，促进健美操动作技能的学习。用动作和技术的表象填充运动员的意识，生动的设想动作和比赛顺利进行的情况，想象在比赛中充满信心和取得优异运动成绩的情景，增强运动员的自信，促进竞技状态的形成。

（二）运动训练比赛期

比赛期任务是发展健美操专项素质与竞技能力，熟练完善完整技术，增强团队配合，创造优异成绩。此阶段心理状态对运动员及团队的竞技能力与水平的发挥产生巨大的影响，进而影响比赛成绩。

1. 赛前训练阶段

模拟训练法可以帮助运动员参加比赛做好充分的心理、技术等方面的准备。模拟训练法可分为音像模拟和实景模拟。音像模拟就是将比赛中可能出现的情况利用多媒体手段进行展现与分析。实景模拟的训练效果更好，它是人为设置一些与正式比赛十分相似的比赛（例如相同环境、场地、对手等条件下）对运动员进行训练。在比赛过程中遇到强敌或是在复杂的、陌生的环境中比赛，运动员往往会感到紧张和不安。那么，在赛前人为地创设强手和比赛情景，让运动员在接近正式比赛的情景中训练和比赛，使运动员逐步对环境和对手的战术风格产生适应，提高抗干扰的能力，在正式比赛时，就能够保持比较稳定的情绪，正常发挥身心潜能和技能水平。

2. 集中比赛阶段

面对竞争激烈的比赛以及陌生的环境与对手，众多复杂因素造成比赛过程中运动员注意力不集中而影响运动技能的发挥。因此有针对性地进行集中注意力训练，帮助运动员排除心理杂念、培养抗外界干扰的能力，保持注意力的高度集中是顺利完成训练与比赛任务的促进因素，例如在比赛过程中点名做准备时运动员通过呼吸练习和自我暗示，稳定情绪，并尽快进入竞技状态；进入场地时提醒自己注意力集中，专心比赛。

对于运动员出现的心理紧张、心理淡漠、心理焦虑、盲目自信等心理现象，可采用诱导训练法帮助其调整心理状态。教练员通过语言鼓励与批评、说服与疏导、启发等帮助运动员调整心态，使其建立良好的心理状态参加比赛。运动员还可以进行自我暗示训练，是运动员自己采用心理暗示、心理诱导、心理控制调整心理情绪的方法。

第三章　健美操课程

近年来，越来越多的高校开设了健美操课程，这类课程也越来越被学生所接受。教师要充分认识到健美操课程的重要性，结合学生的需求与课程建设需求，完善相关的健美操课程体系和模式，不断提升健美操课程体系构建效果与合理性，为体育教育工作的高效化实施和开展夯实基础。本章主要对健美操课程进行了探讨。

第一节　健美操课程的设置

一、健美操课程设置存在的问题

（一）注重技术学习，忽视理论实践学习

健美操专业理论课程是实践课程学习的基础，只有学习了基础理论，学生才能明白动作原理，更好地理解与掌握健美操的运动技能。但是在目前的高校比较注重培养学生健美操专业技术，而忽视理论实践培养。可以从课时的设置上显现出来，很多高校实践课程课时设置明显高于理论课程设置，这就造成学生在学习健美操这项技能时，仅靠模仿学习，很容易产生厌烦感，从而影响了学习效果。

（二）重视竞技健美操，忽视大众健美操

健美操的课程设置分为大众健美操与竞技健美操两个部分，可能由于受体制观念影响，高校在设置课程内容时，把难度较大的竞技健美操当成健美操专业课程内容的主要部分，竞技健美操的课时设置超过总课时的50%以上。

（三）重视教学，忽视实践

高校在人才培养方面更注重讲授为主的教学，注重学生对知识与技能的掌握情况，而忽视了培养学生的社会实践能力，而学生通过社会实践，才能不断提升学生的创新思维能力和编创能力，提升学生的社会适应能力，才能在未来就业中占据优势，因此，高校应该不断改变自身观念逐渐重视实践教学，为学生创造各种参与实践的机会，提升学生的实践能力，增强学生的就业竞争力。

（四）注重学生的身体发展，忽视思想教育

在健美操专业课程内容设置中，大多数学校为促进专业的发展，让学生掌握多项运动技能，促使学生的身体机能得到很大发展，但是高校却没有重视学生思想方面的发展。随着社会的发展进步，现代体育已经摒弃了传统体育观念，更加倾向于以人为本的人文精神，建立了新的现代体育观念。也可以说是现代体育的宗旨是在增强体质的基础上，促进身心全面发展。因此，高校改变传统体育观念，传承现代体育观念，不断加强对学生的思想政治教育，提升学生的思想意识。

（五）注重技能学习，忽视了方法学习

在大多数学校的课程内容设置时注重对学生运动技能的培养，认为技能是学生在未来就业以及生存的根本，但没有重视引导学生学习运动技能的方法，健美操运动随时都有可能发生变化，学生只是凭现在掌握的技能很难适应社会的发展，而掌握好学习方法才是学生学习的基础，学生掌握了学习方法才能提高学习的效率。

二、健美操课程设置的优化

（一）更新观念

高校体育教师必须更新观念，树立现代教学意识观念。随着教育水平的发展，知识也是在不断更新的，课程内容的侧重点也要随之不断变化，在传统体育教育中，比较侧重掌握运动技术的方法已经不能适应时代的发展，应该不断转变，不断加强理论知识学习，促使知识结构更加合理，使学生不仅掌握好理论知识，更能掌握好运动技术。学生通过理论知识的学习，促使他们掌握学习方法。这就需要在健美操课程内容设置时，必须注重理论内容，注重适应社会发展的大众健美操的设置、注重实践教学、重视对学生的思政教育，从而促使学生掌握先进的技术知识、方法以及技能，促进学生的身心全面发展，提升学生实践能力，成为社会需要的全能人才。

(二) 确定健美操具体的课程内容

我国体育院校在确定健美操具体的课程内容时，要以适应社会发展与需要为前提，并结合健美操专业的实际特点，除了设置必要的基础理论课程与专项技术课程以外，还应该增加大众建设的内容、学校教学内容以及竞技训练。大众健身内容主要是为了适应社会发展，为社会大众健身提供服务，从而培养更多的健身指导员。大众健身教学主要以健身性健美操为主要内容，增强对学生人文体育意识的培养，促使学生能掌握大众健美操的教学技巧与方法，使学生有足够的能力投入健身中心、社区等单位健身教学与管理工作中；学校教学的目的是培养学校健美操教师，在教学内容中增加学校体育课程标准，培养学生掌握健美操教学内容创编、教学能力以及教师素质，从而使学生能够更好完成学校健美操教学和训练的工作；竞技训练主要是为国家培养优秀健美操教练员，教学内容主要是竞技健美操，培养学生掌握高难度动作技术训练方法以及竞技能力，从而更好地适应对高水平运动员的训练工作。健美操课程内容的设置是高校教学改革的关键，健美操课程内容设置目标要与社会需要以及体院院校的发展以及社会实际需要相结合，更好地优化健美操课程内容，促进学生的个性发展。

第二节 健美操课程的设计

一、健美操课程设计的理论

(一) 系统论

1. 系统的结构与健美操课程设计

任何一个系统都有自己的结构与功能。每个系统中所包含的各种要素之间的排列与组合都是有次序、有规律、有逻辑的，系统的结构是否紧密、稳定，与其本身是否有序有直接的关系。系统具有层次性，复杂系统的层次性更鲜明，系统内部各要素（子系统）之间密切联系，相辅相成，共同推动系统的稳定发展。健美操教学系统是体育教学系统的子系统，而学校体育系统又包含了体育教学这一子系统，为形成最佳健美操课程设计，既要对健美操教学系统内部各要素之间的关系有清晰的认识，又要了解健美操教学系统与其上层系统及平行系统之间的关系。

系统的结构和功能相对独立，又相互依赖，对二者的关系形成正确的认识，有助于对健美操课程设计系统各要素之间的关系及健美操课程教学过程和教学系统之间的关系有正确的了解，从而提高课程方案的设计效果，提高课程方案实施的真实效果。

2. 系统的特性与健美操课程设计

（1）整体性

任何一个系统都是由两个或两个以上的要素组成的，组成要素相互区别、相互联系，它们以一定的规律、顺序组成系统，体现了系统的综合性。虽然系统中各要素的功能有区别，但它们构成整体的系统遵循了一定的逻辑规律。系统由各要素组成，但并不是说各要素简单组合就构成了系统，基于各要素简单相加而建立的系统不是真正的系统，这样的系统不具备一个真正系统作为整体而具有的功能的。各要素按照一定逻辑关系和统一要求组合而成的系统具有作为整体的特定功能，虽然单独评价其中每个要素都有自己的缺陷和不足，但是它们的优化组合使得系统具有良好的整体功能。相反，即使系统内各组成要素各自都非常完善，如果不能按照一定的关系优化组合，也就无法使作为整体的系统拥有成熟的功能。系统作为整体系统拥有的功能比各要素的功能之和要大。

从系统的整体性特征来看，健美操教学就是一个整体的系统，在健美操课程设计中要对系统内不同层次子系统的情况进行分类研究，从而对课程教学内容进行有针对性的安排，对课程教学方法进行恰当选用，同时为科学安排训练负荷提供依据，最终实现系统整体的综合功能，实现良好的增值功能，提高健美操课程设计与实施的标准与效果。

（2）动态性

系统具有动态性，这主要是因为系统的组成要素之间密切联系、相互作用与制约，而且系统与外部环境也不断进行着交换与互动，具体表现在能量交换、信息互动、物质交换等方面。具有动态性的系统是不确定的、随机的，面对这样的系统，人们要学会随机应变，根据情况变化采取策略，从而促进系统的动态发展及其整体功能的充分发挥。在健美操课程设计中，要正确认识健美操教学系统的动态性，灵活设计，留出调整与完善设计方案的空间。

(3) 相关性

系统的内部组成要素不是完全相互独立的，各要素之间相互依赖，相互制约，存在着密切的相关性。在健美操课程设计中，要了解健美操课程教学系统内各组成要素之间的内在联系与密切关系，如教师与学生的关系，教学内容与教学策略的关系，教学条件与教学环境的关系等，了解这些结构性要素的相互关系，有助于利用这些关系来提高健美操课程设计的效率，充分实现健美操课程教学系统的整体功能。

(4) 反馈性

系统的反馈性主要体现在其自身所具备的自我调节功能上，要使系统维持稳定与平衡，就要充分发挥这个反馈功能。为了进一步理解系统的反馈性，我们将系统的反馈解释为从系统的环境中收集关于系统产物的信息，尤其是关于产品优缺点的信息。在健美操课程教学设计系统中，设计方案就是产品方案，方案的可行性高就是产品的优点，可行性差就是产品的缺点。

系统论对健美操课程设计的作用主要表现如下：

第一，为健美操课程设计方案的制定和健美操课程教学问题的解决提供了系统工具；

第二，提出系统分析的方法与策略，在健美操教学设计中对相关教学要素进行分析，在分析的基础上优化各个要素，完善教学系统的整体功能。

(二) 信息传播理论

信息传播理论给健美操课程设计带来了以下三个方面的影响。

第一，健美操教师在课程设计的初始阶段分析学习者时，要对学习者的关键信息予以掌握，如健美操兴趣爱好、健美操理论素养、健美操技能水平、健美操运动经验等，清楚了学习者的这些信息后，根据学习者的实际情况而有针对性地将关键的教学信息传递给学习者。

第二，信息传播理论中涉及的传播媒体丰富多样，如何分析与选用传播媒体对传播效果有直接的影响。健美操教师在课程设计中要尽可能选择那些便于向学生传递信息且学生理解起来难度较小的媒体渠道，从而提高信息传递的效率。

第三，信息传播理论中信息反馈也是非常重要的一个内容，通过反馈可以了解那些收到信息的人是如何理解信息的，以及接收的这些信息是否达到了理想的效果。在信息传播理论下进行健美操课程设计教师要重视教学反馈环节，以了解学生的学习效果，了解学生的信息需求，从而有针对性地传递信息，满足学生学习需求。①

二、健美操课程设计的程序

（一）学习需要分析

在健美操课程设计中，第一步就是要进行学习需要分析，即分析学生的学习需要，这是提高教学效果的重要前提条件。在健美操课程教学中，教师通过教学来服务于学生的学习和成长，学生通过学习，情感与行为发生了哪些变化，学习效果如何，这都是教学目标实现程度的反映。

健美操课程教学设计是解决健美操课程教学问题的过程，解决问题的前提是发现问题，对问题的本质有正确的认识，这就需要分析教学对象，了解其学习基础、学习需要，从而为后续教学设计工作（如制定教学目标、编排教学内容、设计教学方法、选用教学策略）提供客观依据。在关于学习者学习需要的分析中，主要分析学习者的起点能力、一般特点以及学习风格。

（二）制定课程教学目标

在教学设计的理论与方法中，优化实现预期的目标是设计的一个重要目的，因此教师要先明确"要到哪里去"的问题，然后实施具体教学。实现教学目标是开展教学活动、设计与选择教学资源和媒体、确定及实施教学策略所围绕的中心。教学目标也是评价教学结果的依据。在健美操课程教学目标的设计中，在目标表述上要做到清晰、准确、具体，不同层级的目标要用不同的陈述方式去表达，在表述中应包含四个基本的要素，如行为主体、行为动词、行为条件以及表现程度。

（三）选用教学内容

"目标统领内容"的课程设计导向要求根据课程目标选择课程内容，并合理编排和组织内容，使之成为教材，再根据需要将教材内容划分成时间不等的单元和学时。在教学设计中，必须透彻地分析教学生什么知识和技能、达到什么目的，对学生的身心和社会适应带来什么影响等内容。对健美操课程教学内容的分析与选用要符合教学对象的身心特征和学习需要。

---

① 赵艳. 现代教育理念下的健美操课程设计与应用研究 [M]. 哈尔滨：东北林业大学出版社，2022：48.

(四) 设计教学策略

在健美操课程设计系统中，教学策略的设计是系统的核心环节，它是指在教学过程中为完成特定目标，依据教学实际来总体考虑教学顺序、教学组织形式、教学活动程序、教学方法和教学媒体等要素的设计与安排。有效的教学需要有可供选择的策略来达到不同的教学目标，而且在教学策略的运用过程中要不断监控、调节和创新，以完善教学策略，充分发挥教学策略的功能与价值。

设计教学策略可以使教师如何教和学生如何学的问题得到很好解决，为解决好这两个问题，健美操教师在教学策略设计中要注意做好充分的教学准备，选择适宜的教学组织形式，采用丰富的教学媒体资源，结合教学目标综合考虑各项教学因素的运用与优化组合，有序安排好各项教学环节，同时要注重对师生互动活动的设计，重视与学生的交流与沟通。

(五) 成果及过程评价

在健美操课程设计中，最后要开展评价工作，对教学设计成果及其实施过程进行评判，并对课程实施效果进行检验，获得反馈信息后对后面的课程实施过程予以调整，在课程评价设计中要树立正确的评价理念，采取科学的评价方式。课程设计的根本目的是解决课程教学中的问题，形成科学有效的课程实施方案，并在实施中取得理想的效果，主要表现为学生可以取得良好的学习效果。

从教学设计的角度来看，评价可分为两个方面，一方面是分析评价初步完成后的课程设计方案本身，根据评价结果来进一步修改不足的地方，不断加以完善；另一方面则是分析评判课程设计方案付诸实践后的情况。与教学反思相似，在实践中检验方案是否合理有效，为下一次的课程设计提供参考意见。

评价健美操课程设计成果及实施过程，需在"发展性评价理论"的指导下进行科学评价，通过评价促进课程设计的不断完善、课程实施效果的不断提高及教师的专业发展。

三、健美操在线教学课程设计

(一) 健美操在线教学课程设计的理论基础

1. 认知负荷理论

学习是一个认知过程，认知负荷直接影响学习者的学习效果。把握认知负荷，增加长时记忆促成了碎片化学习的理念。移动互联网技术的飞速发展，使得在线课程能够满足人们碎片化学习的要求。因此，在健美操在线课程的创编中也应该遵循该认识理论，对健美操的学习内容进行分解再关联，形成符合逻辑关系的课程知识点网络模型。它不仅方便了学习者的碎片化学习，而且可以减轻记忆负担，实现高效学习。

2. 建构主义学习理论

依据建构主义学习理论，教师是知识的传播者和影响者，而学生才是知识的处理者，是知识体系的构建者。因此，在设计健美操在线课程时，应以学习者为中心，根据学习者的动机需求和差异设计健美操在线课程。

3. 程序教学理论

斯金纳的程序教学理论主张让学生能够依照自身能力去设计学习计划。在线课程也体现了该教学理论，尤其是其中的及时反馈原则、小步子原则和自主性原则。根据这三个原则，在健美操在线课程设计中，应划分学习单元和知识点，分段进行教学；建立同步练习和互动平台，跟踪反馈学习情况；提高学生主动性，满足学生自主调整学习计划的需要。

以上三个理论相辅相成，对健美操在线课程的设计具有指导意义，明确了健美操在线课程建设要以学生为主体，强调学生是知识体系的构建者，并将教学过程碎片化，分重点、分章节地进行教学视频制作，让学生可以自主地制订学习计划，同时辅以便捷的在线反馈和交流途径，可以更好地提高学生的学习效果，也有利于健美操的推广。

（二）健美操在线教学课程模式的设计

在"互联网+"的背景下，健美操在线课程设计应基于教育理论和健美操教学内容的要求，依照教学课程设计的六个要素，设计出具有科学性、创新性的在线教学课程。健美操在线课程的教学设计有以下六个要素。

1. 教学目标

根据对传统健美操课程的研究分析，健美操在线课程的教学目标主要分为以下五个方面：

（1）提高学生对健美操的兴趣，能够调动其积极性和主动性。

（2）全面了解健美操运动的理论知识和基本技术，能够熟练展示动作技能。

（3）能够对自身的健美操学习进行基本的测试和评价，掌握一些训练方法。

（4）具备良好的心理健康素质，在运动中体验运动的乐趣。

（5）能够培养良好的体育道德、创新精神和合作精神。

2. 教学任务

传统健美操教学的任务：传授简单的技巧和套路、引导学生进行技能练习、培养学生的练习习惯。在线课程的教学任务应该包含以下几点：

（1）解释健美操基本理论知识。

（2）传授简单的动作技巧和套路。

（3）提高学生的艺体素质。

（4）培养学生的艺术表现力。

（5）增强学生的适应能力。

3. 教学内容

健美操具有简单易学的特点，相关场地和器材的选择也较为灵活。因此，健美操在线课程的内容设计也要将健美操课程的特性充分发挥，教学内容要便于学习且适合各种场地，还要包含不同难度、不同类型的学习内容以满足不同类型和不同年龄的学习者。同时需要兼顾两部分：健美操理论内容教学和健美操技术内容教学。能够让学生加深理论知识，更好地理解所学习的动作技能。

4. 教学方法

健美操在线课程的教学方法在设计时将传统与创新进行了结合，不仅具备传统讲解演示的教学方式，还融入了游戏式和发现式两种教学方法。

其中游戏式教学是将需要学习的内容融入游戏的过程中，这是寓教于乐的教学方式，可以借助游戏的方式来达到教育的目的。健美操在线课程旨在消除学生、教师和学生之间的陌生感，增强团队合作意识。

而发现式教学是基于著名教育家布鲁纳的发现式学习理论而形成的一种教学方法。发现式学习理论指出学习不应该是一种被动的刺激—反应的过程，而应该是学习者不断发现新的知识点，主动去构建知识体系的过程。在健美操在线课程的设计中，突出每个环节的核心内容和相互关系，使学习者能够自行了解知识，通过自主学习和独立思考构建健美操的整体知识结构，从而促进学习者的求知欲。

5. 教学评价

健美操在线课程的评价应该包括如下两个方面：

（1）对学习者的评价：通过在线监测、在线考核的功能对学习者的学习情况进行调查评价，借助计算机技术统计学习者的学习情况并形成图表，供学习者参考。

(2) 对课程的评价：课程结束后，教师根据平台提供的数据，以访谈的形式掌握学习者对课程的评价。①

6. 教学反馈

传统的健美操教学过程中存在着师生缺乏交流、教学反馈缺失的情况。而借助互联网技术的在线健美操课程可以搭建便捷的网络交流和反馈平台，便于学习者和教授者之间进行交流，避免因面对面产生的害羞尴尬等情绪，学习者可以真实地反馈心中所想，教授者也可以及时地获取教学反馈，以此对学生进行直接指点，及时调整教学方案，不断优化教学过程，提高在线课程的质量。

四、健美操精品课程的设计

(一) 健美操精品课程教学目标

为了顺利达到健美操精品课程教学任务，在开始健美操教学工作之前必须编制具有一定可行性的目标。具体包括：(1) 提高技术能力。通过一系列深入学习，有利于学生稳定获得一部分健美操基础技术与动作知识，满足规定的级别要求；(2) 提升掌握理论知识的能力。学生通过学习掌握丰富的健美操理论知识，获得科学的训练方法，了解竞赛准则；(3) 努力培养健美操表演能力。学生通过学习初步获得训练、组织和创编健美操的能力，进一步满足学习健美操、参与竞赛以及社会健美操锻炼的要求；(4) 充分保证学生的身心健康。借助学习，促使学生不断提高艺术审美水平，有利于学生更加协调地训练动作，使其形成优良的动作形态，全方位发展整体素养。

(二) 健美操精品课程设计与建立

1. 设计有关教学的网站

一个高质量的健美操网站应凸显的基本特点包括网站综合结构和每个模块合理布置、清晰传达模块信息、下载速度及搜索引擎表现很好、网站维护与客户信息反馈便捷、服务系统健全等。通常情况下，高质量网站通常历经了建立、运用、改善和优质四个环节。其中第一步是建立，教师在初期应当全面考虑日后健美操网站的运用和改善。由教师设计网站第一页界面，设计页面模块快捷功能，让人一目了然，皮肤风格设计与健美操特点高度相符，全面彰显教

---

① 杨雪红，郑磊石. "互联网+教育"背景下健美操在线教学课程设计 [J]. 体育科学研究，2020 (3).

学活力，动态的页面设计培养了学生的学习主动性。利用网络设计课程，在网站融合全部关于学习的健美操信息内容，全天 24 小时不间断开放网站，并且对健美操精品课程教学所需的资源持续更新。①

（1）教师设计

这一设计具体是为教师群体提供开展教学所需的平台，网络化处置教学资源，教师之间的互动沟通，便于在线与学生交流，为其解决问题，并评估学习成果。主要包括学习模块：①健美操教师主要情况介绍。教师个人照片、教学视频、工作经历等；②健美操教学资源收集整理。有关本门课程开展教学使用的文件资料，对其实施的更新与管理；③健美操精品课程教学行为管理，公布文件通知，安排和检查作业，对学生学习成绩合理评估；④健美操在线学习沟通。与学生共同解决问题，接受学生提出的建议等；⑤检查全部应用系统的状况。

（2）学生设计

借助网络开展精品课程教学，促使学生形成创新思维能力。推动学生更加主动、积极地探索学习健美操，引导学生提出大量具有创造性的建议并积极采取全新的表达方式，利用设计学习网站的每个环节提升学生的健美操创新水平。

利用网络教学主要是为了更加便捷地开展学习，增加各类学习资源，培养学习乐趣，因此有目的性地设置学习、测验与沟通模块，及时、全面地把学习反馈提供给学生。

2. 制定合理的教学内容

目前大多数传统健美操教学课程都采取了静态页面，表现出线性组织方式、更新速度较慢，无法表现出网络教学的优势，也阻碍了学生主动开展学习。但心理学分析说明，学习人员要想保证高度的注意力不仅取决于材料特点，还直接与材料的改变有关。故在设计健美操精品课程教学内容中，应当密切联系精品课程教学特点实施合理化设计。

（1）联系精品课程特点安排内容

由于健美操精品课程自身表现出的学科特性，大部分都是技术动作教学。传统教学方法一般都是教师示范，学生只能通过教师的不断重复示范和讲授才能掌握技术动作，但由于教师自身各种条件带来的约束，其不免会出现力不从

---

① 萧林静. 以校园传媒为载体，动态培养学生健美操创新能力 [J]. 沈阳体育学院学报, 2015 (2).

心的状况。同时一部分复杂的动作需要瞬间做好。比如一部分在空中瞬间完成的分腿跳动作，若采取传统方法，无法对其精髓整体展示，导致学生不能对细节动作全面观察，只是理解动作的表象。因此，要求教师认真设计视频内容，供学生仔细观看动作的细节。有关健美操还包括大量常识性的文字材料与探究性的论文，这部分文字可以直接通过 HTML 格式输出，若包含较多内容，则可以为学生提供下载文件格式。同时，还可以提供有关健美操的网站链接。

（2）保证教学内容的动态化

基于网络开展精品课程教学学生直接得到的材料即教学内容、其受欢迎程度、学生是否对学习健美操内容产生兴趣都对实现教学目标造成影响。因此，设计过程中，应对静态传统方式不断转换，强调动态健美操教学方法，对学生产生吸引。比如，健美操视频教学资料应包含整体动作示范，相应配置肌肉发力图，配以文字解释等，此外还应建立在线沟通系统，及时交流动作要点和发力点。

（3）注意内容的新颖时尚

教师在授课中由于自身形成的不同入手点，以及拿手项目不同，造成仅将一方面内容提供给学生。比如，一些教师重视竞技健美操，必将重点分析这方面知识，其他项目如爵士、街舞等知识教师没有相应积累，往往不会在健美操教学中体现，长期如此学生便会失去学习兴趣。因此，在精品课程教学模块中应当融入一些时尚的内容，添加一部分当下比较流行的健身方法，并及时开展更新，如此激发学生的学习兴趣，提升学习效率。

3. 结合学生兴趣设计作业

事实上，作业主要检测了学生在健美操课堂上的学习情况，若教师设计了作业，就需要对学生实际情况真实反映。因此，作业设计应凸显个性特点，结合课程特色，引导学生做出真实的回答，可以以游戏方式设计作业，网络游戏吸引大众兴趣主要在于各个环节密切联系，游戏特点的作业表现出动态动画特点。

（1）准确的内容

设计作业首先重视精和准，教师密切结合健美操精品课程教学重点设计恰当的作业，避免拖拉。整理教学中的关键知识内容，评价学生理解情况，引导学生主动表达，或者是设计健美操动作演示套路等，若安排实践作业，可以要求学生上传作业图片，或通过视频方式递交作业。

（2）不拘泥于形式

学生借助形式感知作业，其充满浓厚的兴趣，学生必将自主完成，获得良好的学习效果。教师在安排健美操作业时，可以按照实践教学的特点，设计成图片或视频的方式，鼓励学生评价，对动作客观判断，比如完成健美操直角支撑的完美性，若无法完成问题在哪？动作应当在哪设计着力点等。学生对这样的作业更加感兴趣。

（3）抓住变化点

评价作业应当抛弃传统打分模式，教师可以设计不同于的方式，比如，通过图形对完成作业情况进行标识：欢乐的笑脸、上扬嘴角的脸、悲伤的脸、泪流不止的脸。这部分图片可以利用PS软件制作，如此可以对学生认知作业产生强烈刺激。[①]

第三节　健美操课程的实施

一、课前准备

（一）健美操课程设计

结合学员的情况和特长完成课程构想，应当是教师健身课准备的首要工作，具体有安排课程强度、选择课程类型等。教师应当挑选自己擅长的课程类型，尽可能表现出自己的优势，高质量地完成每节健身课。在课前准备环节，最重要的任务是全面掌握学生的情况，从而科学安排课的内容和强度。

从初学者以及健身课参与者的情况来说，课的内容设计应当以基本动作为主，各项动作比较简单，重复动作相对多样化，对身体协调性方面的要求比较低，同时主要动作是冲击力低强度的动作；从技术基础比较扎实、身体协调性较好、身体健康的参与者来说，课的内容应当是动作变化多样、高冲击力动作和低冲击力动作有机结合，主要动作应当是中等强度的动作；从技术水平较高且身体素质良好的参与者来说，教师应当安排相对复杂且变化多样的课程内容，选取运动强度较高的动作。

[①] 杨乙元，黄咏，韩伟."互联网+"背景下高校健美操精品课程的设计与构建［J］.体育科技，2019（2）.

（二）健美操音乐选择

在确定课程种类后，再根据课程种类的要求及自己对音乐的把握选择音乐。不同的课程所要求的音乐是不一样的，拉丁舞健身所采用的音乐以拉丁风格的音乐为主，如恰恰、桑巴等风格的音乐；街舞健身所采用的音乐是动感十足的 HIP-HOP 音乐；而传统健美操音乐一般采用 DISCO 音乐。因此，不同的课程种类决定采用不同的音乐。在确定课程种类后要做的第一件事就是音乐的选择。同一种风格的音乐表现手法也不一样，决定着动作设计的变化手法也不一样，因此在选择音乐时必须根据自己对音乐的把握程度进行筛选，尽量选择自己能够把握并能通过自身动作很好表现的音乐。在做完以上动作后，最后根据课程的构思整理音乐。

（三）教法选择

如何把设计的动作组合通过有效的教学方法教给学员，并在教学的过程中使学员达到锻炼身体和娱乐的目的是衡量一堂健美操课成功与否的重要因素。在选择教法时，要注意学员的接受能力，不同水平的学员应选择不同的教法。尽量把每一个动作都分解为它的最原始的最基本的动作，然后一步一步地变成你所需要的动作，这样对于初级学员容易掌握。总之，要使学员能够接受而又不感到枯燥，使看起来很复杂的动作组合学起来不感到困难，从而在练习过程中使学员不仅达到健身的目的，还能满足心理上的需求。

（四）撰写教案

很多指导员在课前都不撰写教案，只是在头脑里把动作和教法过一遍，其实这不是一个好的习惯。每次课前写教案可以使课准备得更充分，使指导员更有信心。有时指导员可能同时教几种不同的课，或有时同一课程也不必完全改变动作编排，而只是改变一小部分。如果有每次课的记录，将给教学提供很大的方便。另外，长期记录动作的组合编排也有利于进一步提高指导员的能力。①

（五）场地器材的准备

课前应提前十分钟到场。首先检查音响设备和场地状况是否正常，如有问题应及时解决。其次是准备好上课要用的器材，如哑铃、踏板、垫子等，并布置在不影响其他部分课的进行且便于取放的地方。

---

① 李华. 当前健美操运动技巧及教学研究 [M]. 北京：中国商务出版社，2019：214.

二、课的组织

(一) 介绍课程

在课开始时，首先介绍本次课的主要内容特点和目的，使学生心中有数。如果本次课是第一次课，或者都是新学生，那么教师首先应进行自我介绍，然后再和学生互相认识。

(二) 练习队形与示范位置

练习的队形应根据学生人数和场地具体情况来确定。首先，学生之间的间隔和距离要适宜，每人应有大约 2 米的空间，左右以学生两臂侧举不相碰，前后应适当插空排列为准，这样不仅学生有足够的活动空间，而且能有效地观察到教师的示范动作和面部表情，有利于教学。决定示范位置的第一要素是使全体学生都能看到，以便指挥和观察。

(三) 练习形式

健美操课多采用集体练习的形式，因为有氧练习要求中低强度，长时间的运动。在课的进行过程中最主要的要求是保持学生的心率在一定时间内不下降，使之稳定在最佳心率范围内。因此，集体练习就成为一种最有效并被广泛采用的健美操练习形式。

集体练习又分为两种不同的练习形式，集体同时练习和集体分组练习。集体同时练习即所有学生同做同样的动作，其优点是比较简单，便于教师指挥，容易达到练习的强度和密度要求，其不足之处是形式比较单一容易使学生感到枯燥，从而失去练习的兴趣。集体分组练习既要把学员分成若干个组，同时或依次做不同的动作。这种练习包括目前在国内非常流行的循环练习，以及加入各种队形变化的练习方法。集体分组练习加强了学生之间的配合与联系，增加了练习的乐趣，同时把教师的主要工作从单纯的领操中转移至课堂的组织在一堂健美操课中，可结合运用集体同时练习和集体分组练习两种不同的组织形式，如在热身和整理练习时采用集体同时练习形式，在中间的主要练习阶段采用集体分组练习的形式。这样可使课的组织更加丰富多彩，提高学生的兴趣和锻炼的效果。

(四) 观察与调整

虽然每一个指导员在课前都有一定的设想，也撰写了教案，但如果发现学员的实际练习情况和预计的有较大的出入，则可根据当时的情况对教学做一些局部的调整。因为学员每天的身体状况和情绪都有一定的变化，每一次课的学员也不是固定的，例如设计了有一定难度的组合动作，但到了健身房发现本次课来了很多新学员，这时就应该适当调整组合动作的难度，使之简单化让所有的会员都能跟上教练的动作。总之，应使课上所有的会员都感觉良好，这样才能保证课的效果。因此细心地观察和及时调整对一堂成功的健身操课是非常必要的。

（五）激励

采用多种方法及时对学生进行激励是健美操教师必备的意识。激励在一堂课中应贯彻始终，包括对学生的每一点进行表扬，使学生明确自己的进步，增强其锻炼的信心，并鼓励其向更高的目标努力。

三、课后交流与总结

1. 交流与反馈

在课程结束后，教师不应马上离开场地，而应留有一定的时间与学生交流，及时了解他们对课的感受和想法。

2. 总结与改进

结合自己的感受和学生的反馈信息，教师应对自己的上课情况进行及时的评估和总结，肯定优点并找出存在的问题及其解决方法，为下次课的改进提供依据，从而不断提高自己的教学能力和教学质量。

第四节 健美操课程体系的构建

一、健美操课程体系构建存在的问题

（一）缺乏完善的目标体系

多数高校在构建健美操课程体系时，已经将培养学生能力作为目标，在目标体系中提出了促使学生健美操编排能力、创新能力、运动技能、模仿能力的提升，形成了良好的课程目标体系。但是，在具体工作中也会出现目标体系不

完善的现象，不能充分考虑到学生综合能力的发展需求，所设置的课程目标有限，难以通过完善的目标体系促使学生综合能力与素养的提升，对健美操教学工作的开展会带来诸多不利影响。

（二）缺乏完善的内容体系

部分高校在构建健美操课程体系之前，已经开始全面分析健美操课程的基本性概念内容、专业术语内容等，重点研究相关的编排形式和锻炼效果，深入研究创作手段、比赛规则、评估判断理论等，将有关的知识列入教学大纲，可以将学生学习理论知识作为前提，设置丰富的健美操技能教学内容。但是，在构建相关内容体系期间，只重视基本步伐、动作的教育，没有合理设置组合性动作的课程体系，也未能结合学生的学习兴趣与需求针对性地选择健美操课程内容，无法构建较为完善的健美操课程内容体系。

（三）缺乏完善的课程安排体系

高校在体育健美操课程体系构建工作中，由于尚未创建较为完善的课程安排体系，导致课程的安排缺乏合理性与科学性，难以满足具体的课程体系构建和发展要求。在构建课程安排体系的工作中，未能结合高校体育教学的需求合理安排课程时间，很容易出现理论课程与实践操作课程的分配不均衡问题，不仅会导致课程安排工作的有效性降低，对各项工作的实施与开展都会带来诸多不利影响。[①]

（四）师生互动缺乏

教师在授课时往往只根据自己的节奏，根据教学计划进行，却未给予学生足够的关注度，不能及时注意到学生们对动作的接受度和学习程度，没有注意到学生是否喜欢教学计划内的健美操动作与音乐，缺乏师生间的互动，不能以生为本。健美操与技巧性的健身还是不同的，虽然都有增加运动量以消耗能量以达到减脂、塑形的目的，但前者讲究整体的协调性以及与音乐的协调性，而后者则是要求锻炼者动作、发力的肌肉用到位，以保证在正确锻炼到某个肌肉的基础上减少训练可能会造成的损伤。像有些健美操动作过难的情况下，教师完全可以根据大部分学生的接受情况来修改动作，而不是死板地根据教学计划进行，但不少教师却秉着必须完成教学计划的原则去要求学生，让学生因为难

---

① 赵嘉磊. 高校体育专业健美操专项课程体系构建研究 [J]. 武术研究，2018，3 (5).

以学会又缺少激励而增加了对课程的反感。而且教学手段单一，仍处于广播体操的教学模式，一拍一个动作地反复练习，而不是配合音乐节奏做动作，缺乏了音乐的调剂，让人感觉整个学习过程生硬而枯燥，不能激发学生的兴趣，缺乏活跃的课堂气氛。

（五）教师缺乏专业水平

教师教学理念未转换，只是单一地传授动作，而忽视了健美操的韵律，以及对学生们身体塑形、提升气质与自信的作用，所以在练习过程中不能给予有效的指导。而大学生阶段，是塑造形体最佳的年纪。再加上刚经历完高考，让大学生从高中紧张的学习生活中脱离出来，进入了全新的学习阶段，有较多的时间去关注形体美、自身形象，有较多的时间去进行音乐欣赏、舞蹈训练这些学业以外的东西。有很多学生，在健美操课程开设初期，对健美操课是很向往的，毕竟谁都希望自己能变得更美，而且像有些胆小、害羞，或家里经济条件不好的学生，平时也不会花钱去健身房学跳舞，学校里健美操课的开设刚好给了她们一个学习的契机。但因教师专业水平的缺乏，上课又不能很好地带动气氛，不能展示美，也不能很好地满足大家对美的需求，导致大家对健美操课程有心理落差感，也就挫伤了学生的积极性。再加上校内体育馆设施陈旧、器材配备不足，学生没有能在一个较好的环境中练习，都会对学生对健美操的学习产生倦怠感。

（六）评价方法局限

健美操课程的评价仍是以学生独立完成一套健美操为标准，对完成过程中的形体美、韵律美、节奏美评价不足，导致学生仍然沿袭高中应考时的应试教育理念，一味追求动作的完整性，忽略动作的质量，在练习过程中也是偏重一整套动作流程的记忆，而忽略健美操本身会给自己带来的美的感受。这样一来，原本希望通过健美操塑形，或者通过健美操放松、舒缓心情的学生，可能会因为考试的严格，动作的复杂，又变成了应试教育时的心态，从心底是抵触的，但为了考试能过关，只能不停地练习动作，甚至会因为记不住动作而恼怒，又成了之前教师拿着教鞭在背后鞭笞着学生前进式的被动的学习状态，缺乏主动学习的积极性，这也就失去了健美操课程本身的意义。

二、健美操课程体系构建的策略

（一）完善目标体系

在健美操课程体系实际构建的工作中，教师应该完善有关的目标体系，按照新课程纲要的精神要求，加大学生的综合素质教育力度，全面融入人本教学理念，保证目标体系的完善性。在构建相关课程目标体系期间，应该重点将培养学生心理素养、身体素养与社会适应能力作为主要的目标，按照健美操课程的特点，积极借鉴国内外的先进经验与课程范例，创建相应的课程目标体系，保证整体教育指导工作效果，全面提升高校体育健美操课程目标体系的落实效果。在构建课程目标体系过程中，还应该结合健美操课程的内容、学生综合能力发展需求等，完善目标体系中的指标，形成良好的教育指导作用，确保课程目标体系的完善。

（二）完善内容体系

健美操课程的内容体系在高校体育教育领域中属于重要部分，只有合理完善内容体系，才能为健美操课程提供多元化、丰富性的教学内容，培养学生个性化发展，增强学生的实践操作能力，系统化开展技术教学和理论教学工作，促使学生综合素养的良好发展。[①] 在设计相关内容体系期间，还应该按照我国体育教学纲要，开发拓展相关的健美操课程内容，将地域性特色作为主要的依据，按照学生的实际状况，选择多元化的课程内容，使得学生能够全面学习健美操课程知识和实践操作技能，在培养学生专业能力和综合素质的情况下，增强整体的教育效果。需要注意的是，还应该不断分析健美操课程的主要内容，在保证课程内容优化改革效果的情况下，不断提升整体的课程建设水平。

（三）完善课程安排体系

在课程安排的过程中，教师应该完善相关的工作体系，按照学生健美操课程知识的学习特点与需求，合理设计相关的课时，尤其是理论知识与实践操作技能教育，应该适当调整课时，避免课时不合理的现象。在安排课程期间，还应该结合健美操课程内容和学生的发展需求，设计健美操手法课程内容、步伐

[①] 韩荣."翻转课堂"在体育院校健美操选修课程中的应用研究[D].哈尔滨：哈尔滨体育学院，2020.

课程内容，简单组合健美操姿态，创建舞蹈性的动作，要求学生在学习的过程中保证动作的准确度与美感度。同时还应该为学生设计节奏重复演练类型的课程，注重学生运动能力、身体素质的培养，促进学生运动能力和专业能力的提升。还需要注意的是，可以在安排课程期间合理设计不同风格的流行性健美操，如拉丁舞健美操课程、街舞健美操课程等，开发一些具有民族性、时代性的舞蹈课程，使学生学习更多标准的动作，提升学生的技能水平与学习能力。[①]

（四）注重培养学生兴趣

人们对于新鲜事物的学习往往是建立在兴趣的基础上，兴趣主导，会让人在学习时精神高度集中，各方面的接受能力大大加强，理解力、行为能力均大大提高。兴趣是最好的老师。而在实际生活中，确实也是如此，只要让人对一件事有了兴趣，就能极大调动人对于这件事的关注度，提高学习的积极性，同时提高自律性，在没有人督促的情况下主动学习、主动练习，就算动作再难，也会努力克服。而学生兴趣的激发与培养，是需要老师的适当引导的，需要老师转换教学观念，不断改善教学方式，让学生从最初的激发兴趣，到后期的一直保持兴趣。在最开始学习健美操时，学生可能因为以前没有接触过，会对健美操课程感到好奇，上课时会比较认真，动作也会认真学习、练习，但等课程进行一段时间以后，因为运动强度及动作难度都加大，考试较难通过，会让学生们感受到压力大过兴趣，出现消极懈怠的情绪。所以，在课程的进展期，教师应该多突出健美操的审美功能，让学生明白健美操训练有利于减脂、塑造形体、提升个人气质，这样会有不少学生会从改变自身的角度去接受健美操，为了提升自身形象，想必不少学生都会努力练习。同时，教师需继续发挥引导作用，尽量丰富教学内容与教学形式，关注学生的动作不足，有针对性地督促学生练习，在健美操音乐的选取上也要尽可能选择流畅、有助于调动学生情绪的，让学生意识到练习健美操不是为了应付考试，而完全是为了自己的形体美，不断激发学生的兴趣，锻炼学生的意志。

（五）加强学生对音乐与动作间关系的理解

在健美操课程中，音乐是不可缺少的一部分，健美操需要音乐的带动，健美操的动作与音乐是相伴相生的，音乐能为健美操动作注入灵魂，不同旋律的

---

① 王钥琪. 构建高校体育健美操课程体系的探究［J］. 当代体育科技，2021（16）.

音乐，对学生的情绪感染是不一样的，表现出来的动作柔韧程度也是不一样的。所以，教师应该精心选择音乐，需根据不同健美操的具体动作选择，可以选择曲风多变风格的音乐，使学生能经常产生新鲜感，以免出现厌烦情绪。如舞蹈一样，健美操需要学生用充分的肢体语言去体现出音乐的内涵，所以，教师在教授学生动作时，也需要对学生对音乐内容进行适当讲解，让学生在理解音乐内涵的基础上施展动作，做动作的过程中用心灵去感受音乐，达到音乐与动作的完美统一。比如，在曲风节奏感较强的音乐，教师在教授动作时，也需要强调动作的刚健、明快、节奏感，避免出现软绵绵的动作，与音乐的感觉不协调，而且需要让学生多听需要用来跳操的这段音乐，让学生先听、先感悟，然后才开始做动作。教师可以在播放音乐后，对学生提问，让学生自己先描述对该段音乐的感受，然后，再讲述自己对音乐的理解，以及在跳健美操过程中产生的新的感觉，在学生对音乐充分理解后，一边听音乐，一边做动作，在做动作时自己去体会为什么这段旋律用这几个动作，在音乐声中自然而然地将动作连贯起来，将音乐蕴含在动作的每一个细节中。

（六）注重课程评价体系的完善

高校体育教师在构建健美操课程体系的工作中，应该重点关注课程评价体系的改革完善，有效执行评价任务。首先，教师应该合理选择课程评价体系的内容，将学生的学习评价作为主要目的，在给予学生专业化评价的同时，鼓励学生自我评价、相互评价，在分析学生学习能力和效果的情况下，关注学生的学习态度与行为特点，一旦发现学生在学习方面存在问题，就要针对性评价并做出指导。教师在选择教学评价内容期间，应该合理设置理论评价、运动能力评价、创新能力评价、主体性评价等内容，重视评价工作，全面了解学生的学习情况，形成系统化的教学指导模式。同时还应该重点开展课程建设评价工作，准确评估课程建设效果与质量，保证相关课程的良好评估。其次，教师应该合理选择相关的教学评估方式，将终结性评价与过程性评价相结合，不再局限于结果的评价，还应该分析学生健美操课程学习态度、参与性等，明确学生是否进步，科学有效地开展各项评价活动。此外，还需注意采用多元化评价方式，从学生的认知层面、情感层面、技能层面等开展评价工作，将理论知识的教学评价和实践操作教学评价相互整合。[①]

---

① 张薇. 高校健美操课堂渗透思政元素的策略 [J]. 拳击与格斗，2020，22（15）.

(七) 完善教学创新体系

高校体育教师在创建相应的健美操课程体系期间，应该完善教学创新体系，不断提升教学创新水平，保证整体教育工作的有效开展。在创建教学创新体系期间，可以在课程体系中融入竞赛教学模式，为学生设置健美操竞赛活动，学生在参与竞赛的过程中，形成正确的竞争观念意识，增强实践操作能力和专业技能，从竞赛中寻找自身不足，明确认知自己的优势，在实践操作期间积极学习各种操作技能知识和健美操课程知识。还应该注意，合理设置游戏教学模式、操作教学模式、趣味性教学模式等，在各种教学模式的支持下提升教学创新的有效性，确保健美操课程体系建设和完善。在创建相关教学创新体系时，要按照健美操课程的创新发展需求，采用创新性的方式改革健美操课程机制和体系。①

---

① 武瑞. 高等体育院校健美操方向人才培养现状及模式研究 [D]. 济南：山东体育学院，2019.

第四章　健美操教学与创编

健美操是将音乐、健身以及舞蹈进行充分融合的特殊运动项目，当下社会已经进入全民健身的时代，健美操开始进入到学校中，很多大学生开始参与到健美操中。在健美操教学中，教师要注重的不仅是健美操的健身功能，还要注重德育、美育在健美操训练中的适当渗透，发挥健美操的教育功能。借助健美操教学，促进学生提升创编能力，这是学校开展健美操教学的关键性方向。本章主要对健美操教学与创编进行了系统论述。

第一节　健美操教学的原则与方法

一、健美操教学的原则

（一）循序渐进原则

循序渐进原则是指在健美操教学过程中，对教学内容、教学方法以及运动负荷有合理的安排，遵循由易到难、由简到繁的顺序，不断深化教学内容。如果在健美操教学中违背循序渐进原则，急于求成，就会影响教学质量，对学生造成一定的学习困难，甚至会影响学生的身体健康。

（二）整体性原则

健美操教学内容非常丰富，其中涉及许多不同项目的不同技术动作，各个项目的技术动作外部特征都有一定的区别，相互之间是独立的，但是从技术结构的角度看，这些动作又是相互联系的，彼此之间构成了一个完整的立体化的体系。在这个完整的体系中，各个技术动作无论是在纵向上，还是在横向上，每一个动作都与其他动作之间有着紧密的联系，都是本项目中高一级动作学习的基础，或是其他项目中技术结构相似动作的基础。因此，在健美操教学中，教师必须遵循整体性原则，从整体上把握健美操教学工作，组织教学活动。

（三）从实际出发原则

在健美操教学中，从实际出发原则是指健美操的教学任务、教学内容、教学组织和运动负荷的安排，都要根据学生的实际情况而定，要符合学生的性别、年龄以及身体素质，并且要根据学校的设备、场地、器材等，安排学生能够接受的教学，这不仅有利于提高学生的学习热情，还有利于教学工作的进行。从实际出发原则要符合学生身心发展的规律，这也是组织实际教学工作所必需，只有遵循这一原则，才能使教学工作取得良好的效果。①

（四）审美性原则

健美操具有姿态美、节奏美、协调美、表情美、音乐美等特点，表现出较高的审美价值。因此，在健美操教学中，教师应遵循审美性原则，培养学生美的意识。学生通过在健美操练习中表现出的丰富的运动路线、优美的运动姿态、和谐的运动节奏、协调的肢体配合等体验健美操运动所带来的运动之美、形体之美、节奏之美、音乐之美，并将体验到的这种美内化，以提高学生对美的感受能力、欣赏能力和评价能力，提高审美意识和能力。

（五）自觉积极性原则

在教学过程中，自觉积极性原则是指学生能够明确学习目标，自觉完成学习任务。

自觉积极性原则是由健美操教学过程中教与学的双边活动的特点决定的。在健美操的教学过程中，教师要起主导作用，但教是为了学，学生是学习的主体，学生掌握知识、技术、技能并发展身体是一个能动的过程，要积极思考和反复练习，没有学生的自觉性是不行的。因此，教师的主导作用就是要善于调动学生的自觉积极性，只有这样，才能加快教学进程，完成教学任务。

（六）直观性原则

在健美操教学中，直观性原则是指利用学生已有的学习经验，通过各种教学方法进行各种形式的感知，这样不仅能丰富学生的学习经验，提高学生的认知，还能培养学生的观察能力，扩展学生的思维能力。

---

① 康丹丹. 高校健美操教学与创新研究［M］. 北京：北京工业大学出版社，2019：65.

健美操的教学内容主要是学生通过反复的动作练习完成指定的教学任务。因此,健美操学习需要学生运用身体的各个感觉器官,除了要用到视觉和听觉感官,还要注意空间和时间的关系。此外,学习健美操还要通过触觉和肌肉控制来感知某些动作要领,在学习健美操时要建立完整、正确的动作形象,这是包括健美操在内的体育教学中运用直观性原则的一个特点。

体育教学中常用的直观方式在健美操教学中都可以运用,如动作示范、图片、电影和录像、幻灯片等。

(七) 安全性原则

健美操动作内容丰富,形式多样,一些具有较高难度的健美操动作对大学生的身体素质要求较高,如果练习不当很容易造成运动损伤,因此,在健美操教学的过程中,教师应做到"以人为本"的安全性原则,以防伤害事故的发生。遵循健美操的安全性原则应做到以下几点。

(1) 加强课堂安全教育,增强学生的安全意识,提高学生的自我保护能力。

(2) 加强课堂组织纪律,避免学生出现运动不当的行为。

(3) 合理组织教学,逐步提高运动负荷。

(4) 重视学生的身体素质训练,提高学生的身体素质。

(5) 做好场地器械的安全检查工作。

二、健美操教学的方法

(一) 健美操传统教学方法

1. 讲解法

这一方式主要指的是运用于健美操教学新授课程的示范动作之上的教学方式。在进行讲解的过程中,一定要保证具备相对明确的目的性,同时还要保证讲解的度量。不仅如此,讲解的使用语言也要始终保证相对简洁与明了,保证学生可以对讲解的内容进行充分了解。保证讲解顺序处于相对合理的状态,总体来说,一般先讲下肢动作,之后再讲上肢上的动作,最后再讲解有关躯干、头颈以及手眼等方面的配合。同时,讲解的过程中还要使用普通话,不仅要保证口齿清晰,还要保证层次分明。另外,教师在讲解过程中,一定要保证以声传情,发挥手势以及眼神等方面的作用,促使无声的行动可以有效地发挥出有声语言的作用。

2. 示范法

在教学的过程中使用示范教学的方式，可以帮助学生更加直观地了解学习动作的具体形象以及关键要领。这一方式的主要目的是促使学生可以对学习的主要内容可以有更加直接与清晰的认识。这种方式可以有效地运用到新教材或者是动作相对比较复杂的教学过程中。在进行示范之时，具体的示范速度与方式一定要依据学生的实际水平以及动作的难易程度来决定。举例说明，对于一些难度系数相对比较大的动作，可以进行相对慢性的动作示范，对动作进行分解与示范，之后再进行完整的示范。①

(二) 健美操现代教学方法

1. 递加法

该方法是学生学习完成动作或者组合后与之前所学的动作或者组合进行综合练习的教学法。递加法可以增强学生对健美操动作的记忆，但动作组合不能过于复杂，否则不利于学生记忆。递加法可以使学生更有效的掌握运动技术，且如此反复循环地练习，学生始终处于运动状态中，不仅可以提高动作记忆，也可调节运动负荷，提高运动效率。此方法应当遵循由简到繁、由易到难的授课原则，合理安排每个动作的练习时间、重复次数、左右肢体的相对运动以及间歇时间的长短，从而达到切实提高体育教学有效性的目的。

2. 金字塔法

该方法分为正金字塔和倒金字塔，是指在健美操教学过程中，教学适当逐渐增加或者减少某一个动作重复的次数。比如在练习交叉步时，学生已经扎实掌握动作的要领，且动作非常熟练，当进行下一个教学任务时，教师可适当减少交叉步的练习，多练习新的动作，有利于维持学生学习健美操的兴趣，激发学生练习健美操的欲望。金字塔法健美操教学法教学思路简单明了，有利于学生将主要精力投入练习中，适合简单动作和组合的教学。

3. 连接法

该方法是将单个动作按照一定的顺序连接并发展成为组合的方法。连接法首先教学生两个动作后再教两个动作，最后将四个动作连接成为一个组合。连接法遵循学生的记忆规律，遵循循序渐进的教学理念，能够让学生学起来更轻松，动起来更有信心。

4. 过渡动作法

该方法由过渡保持法和过渡动作去除法组成，前者是教师先教学生一个简

---

① 刘昕. 健美操教学方法的选择与运用研究 [J]. 当代体育科技, 2020 (12).

单的过渡动作，让学生同时获得休息和调整时间，后者与过渡保持法相反，在教师传授健美操动作组合时，逐步去除组合间的动作。过渡动作法使原来的单一动作直接完成，达到最终的教学目的。但在运用时需要注意节拍的一致性，而且假定的过渡动作必须简单。

5. 节奏变换法

该方法是由口令节奏变换法和音乐节奏变换法组成。口令节奏变换法采取慢节奏让学生理解每一个动作的要领，可增强学生的记忆，当学生掌握基本动作后配合音乐节奏变换法。教师所配的音乐要求先慢后快，慢的音乐让学生有一段适应的过程。节奏变换法有利于激发学生对健美操的学习兴趣。

6. 动态分组教学法

该方法是在讲解法和示范法的基础上进行，动态分组教学法还特别安排个别学生进行分组训练，之后教师对学生的动作进行点评和纠正。此方法促进教师与学生的互动，学生与学生之间所有的动作得到反馈，增加学生与教师之间的交流。动态教学能够培养学生自主学习能力，培养学生团结协作精神，培养学生创新能力，有利于活跃课堂气氛，提高学生学习兴趣。

7. 分解动作法

该方法是指在健美操教学过程中，将复杂的动作或者组合进行分解，之后逐渐增加动作。此方法保证学生能够跟上所学的动作，将复杂化为简单，便于记忆。分解动作法让学生分清主次与轻重，分清前后与快慢，让学生有次序、有步骤地学习新动作。

8. 探究式教学法

探究式教学法又称为"发现法"，是将科学研究引入健美操的课堂，是以解决问题为中心，注重学生的亲身体验，培养学生科学探究和独立思考的能力的一种教学措施。这种教学法更加注重学生的实践能力、证据收集和逻辑能力。该方法在健美操教学中运用具有自主性、愉快的情感体验、注重个体差异的特点，通过创设情境，激发学生的学习兴趣，引导学生积极地参与到体育教学中，提高课堂教学效率。研究显示，通过探究式教学法包括分小组、提问题、实践、讨论、动作展示、交流及总结等7个方面学习后可以明显提高健美操选修课的教学质量，是教师和学生建立一种互助合作的新型关系的桥梁，体现了以学生为主、教师引导的现代教学思想。

9. 多媒体反馈教学法

该方法是利用多媒体技术贯穿健美操教学过程中，课前让学生通过多媒体观看健美操的基本动作和讲解后，教师带领学生进行动作的训练和加强，最后教师通过多媒体拍摄记录学生动作练习的情况，并将存在的问题反馈给学生。

10. 俱乐部教学法联合网络平台教学模式

该方法是以俱乐部组织形式，开发健美操网络教学资源与教学平台，建构网络教学与课堂教学有效结合的教学模式。①

第二节　健美操教学能力的培养

一、示范能力

就高校目前的条件来看，体育教学还不能在室外运用大量的多媒体信息技术，因而，示范能力是每个专业的体育教师都应当具备的基本技能。在健美操教学中，教师要注重学生示范技能的培养。因为正确的健美操动作示范可以帮助学生在以后的健美操教学中事半功倍，而示范技能中最重要的就是要让学生能够独立正确展示健美操动作，姿势要优美，尤其示范点要做到标准。培养示范能力的方法有：

（1）观看健美操影像资料，提高对动作与节奏配合的理解。可以在课程中集中学生观看相关的健美操视频，让学生在这些正确、规范的视频动作中加深对健美操的理解，并将这种理解运用到自身的动作中来，提高自身动作的表现力和标准性。

（2）教师示范与学生实践相结合。由教师先进行健美操的几个示范动作，学生认真观看教师的演示，然后自己进行练习，可以由教师挑选出几位学生作为示范在队伍前带队练习，也可以采用两两结对做示范练习的方式。这样不但可以加深学生对动作的印象，规范自己动作，而且可以培养学生正确示范的能力。

（3）细化动作质量。对健美操的具体动作进行细化，改变健美操的固定姿势、改变自身的动作节奏，帮助学生的肌肉形成对正确动作的感觉，以期达到示范的标准。

二、讲解能力

讲解在健美操课程中是一种具有较高要求的语言表达能力，它要求讲解者

---

①　陶丽华，潘宁敏，莫冬丽，等. 俱乐部教学联合网络平台教学模式在健美操教学的应用研究[J]. 体育世界（学术版），2017（1）.

对于健美操的动作有着正确的领会,能够掌握动作的要领,并且应当清楚地认识到锻炼的意义。讲解过程中,要正确表述身体在进行动作时,各部位的肌肉感觉和走向以及动作的幅度和节奏,将要点难点用语言表达,使学生能够充分理解。培养讲解能力的方法有:

(1)将动作的名称与运动过程进行分析并精准讲解。在教师讲解前,可以先让学生根据自己的理解对于教师将示范的动作做解释和讲解,内容应包括动作名称、专业术语、动作过程等。然后教师进行点评,示范正确的讲解,让学生在对比中学习,让学生清晰直观地理解讲解应该如何进行。

(2)师生就学过的内容进行互动。进行必要的课前提问,教师提出相关的名称和问题,让学生进行示范练习,使他们面对提问能够做出正确的讲解,在讲述过程中配合相应的动作,要关注动作的要点和注意事项。讲解过后教师做出相对应的点评,对不正确的地方做出指导,让学生做出改进。学生进行总结后,再完整讲述一次。

(3)将课堂总结、动作改进与思想提高融入课堂。让学生对本次教学的效果做出点评,本课程的教学完成情况是否符合教学进度和任务的要求。对于学生的评价要提出具体要求。教师对于学生的点评先进行总体的评判,再提出具体建议,让学生做出改进。这种方法也可以很好地提高学生的语言组织和讲解技能。

三、创新能力

在教师的引导下,健美操自身的独特吸引力可以被学生充分感知。学生的创造性将被充分调动,学生能够在这种情况下主动去追求创造出新的、优美的健美操动作。教学的全过程中,教师不仅要注意运用自身的形象,更要注意用自身的标准动作,精确的表达和多样的教学方式来吸引学生,让学生沉浸在健美操的学习氛围中。只有当他们真正地感受到健美操的美,才能增强对于它的审美情趣。教师还要注意营造轻松的教学环境,教师与学生之间要平等友好地交流,在课上课下都进行友好的互帮互助。如此,才能更好地培养学生的创新能力。培养创新能力的方法有:

(1)尊重学生的个性发展。一般情况下,在健美操课程进行时,教师会尽可能地调动学生的积极性,例如向学生提问,发挥学生的主观能动性,让他们真正地参与到健美操的学习中来。学生在锻炼自身技能的同时,张扬自身的性格。

(2)培养学生的创新意识。当学生的思维过于跳跃时,教师可以给予一定引导,必要时也可以对其不当行为做出批评,但应注意方式方法,不应该挫伤到学生的积极性。对于学生的想法要认真倾听，不要妄下评判，也应该鼓励学生对于事物做出新设想。

(3) 增强学生的自信心。在日常的教学活动中，对于每一位学生都应该一视同仁，给予每一个人同样的锻炼机会，让每个学生都能充分感受到健美操的吸引力。

四、观察分析和纠正错误动作的能力

如果学生能够敏感地察觉教师教学和完成动作时的不同，并且能够通过自己的能力分析并解决疑问，那么学生的观察能力和纠错能力将会有长足的进步。教师要通过一系列的计划和安排，有针对性地培养学生的这种能力，对于观察、分析、纠错能力的培养有以下几点：

(1) 观看影像资料。让学生观看健美操运动员的动作，对于其动作提出自己的分析见解，对于完成情况的优缺点做出点评。

(2) 学生间进行健美操练习时，可以进行适当的分组，相互观察纠正对方的错误。

(3) 让动作规范的学生和动作较不规范的学生同时做健美操动作，其他学生在教师带领下进行观察学习。观察同时要提出建议，帮助学生发扬动作的优点，改进动作的缺点，并提出合理的改进方法。

(4) 以优带差。教师可以根据个人特点制定个人任务及要求。让学生不仅在课上能进行相互学习，课下也可以互帮互助，以此来培养观察纠错能力。

五、创编能力

创编能力的掌握可以从侧面检验学生在健美操领域中的多项能力，因为健美操编排本身需要编排者对于技术动作、音乐和健美操知识和审美能力都有一定掌握。对于这项能力的掌握也是健美操课程的目标之一。创新编排要在原有的基础上尊重其原则。培养创编能力的方法有：

(1) 从简单到复杂，从个别到整体。先进行简单的单独动作的创编，之后再深入到动作的组合。在单独动作的前提下创编全套动作，然后通过先易后难的原则，进行全部动作的创新编排。

(2) 以小组为单位分享并演示创编成果。学生在进行健美操的创新编排时，可以根据教师给出的具体要求进行分组，根据各自的特长分配不同的任务，在相互的研究中，完成创新编排工作。再以小组作为单位，进行成果展示。

（3）对创编成果进行点评。在小组创编过程中，教师要求学生要给每个动作起好名称，对节拍、动作包括运动轨迹图的说明和注意事项要尽量详细。在所有小组都完成好各自的创新编排后，教师可以组织全班观看，进行考核评比。

第三节 健美操创编的要素与原则

一、健美操创编的要素

（一）动作要素

任何一套健美操都是由健美操的单个动作所组成的，单个动作又是由人体的各关节、部位（头部、肩、胸部、腰部、髋部、上肢、下肢、手形、立、卧、撑等动作）和不同性质的练习所构成的。这些单个动作又源于徒手体操和艺术体操，它是构成单节操、组合动作或成套动作的基础，是编排成套动作的最主要要素。

徒手体操动作是健美操最基本的内容，它由头颈、上肢、胸部、腰部、下肢等部位的屈、伸、转、绕、举、摆等基本动作构成。只有正确地掌握徒手体操动作，才有可能协调、准确地完成健美操动作。

身体波浪动作是艺术体操的典型练习。此外，摆动、绕环和躯干的屈伸、平衡、转体、跳步、舞步及近似技巧动作等也是健美操的内容。艺术体操的徒手练习不仅能培养人们对动作的美感，而且能有效地增强身体素质，提高协调性，增加成套动作的难度价值。

（二）音乐要素

音乐伴奏是健美操运动中不可或缺的角色。它与动作相互配合，相互促进，形成一个完美的整体。音乐在健美操中不仅是一种节奏或音符，还是非常重要的构成要素。一方面它对于动作的编排起着组织、串联的指导作用；另一方面对整体动作的气氛起到渲染和烘托的作用，抒发情感，表现风格，有助于练习者展现个人的魅力。通过乐曲的渲染、烘托，动作变得更加生动活泼，更具有艺术表现和审美情趣。

（三）舞蹈要素

健美操中的舞蹈动作吸收了迪斯科舞、爵士舞、现代舞、霹雳舞、民族舞等舞蹈的动作要素。这些舞蹈中的上下肢、躯干、头颈和足部动作，特别是髋部动作，给健美操增添了活力。但健美操中的舞蹈动作是按照体操的特点和健美操的本身要求，运用这些舞蹈的外形姿态进行再创编，把体操和舞蹈融为一体，为锻炼身体的各部位而设计。

（四）空间要素

健美操运动的场地有很多种，比如室内的健身房、舞台，室外的操场、公园等，这决定了健美操会受空间条件的制约。如在健身房、公园进行的健身健美操和在舞台进行的表演健美操，在动作幅度和队形变化受场地限制。健美操动作的空间特征主要表现在表演者方向的确定，路线和空间层次的选择和应用，以及集体队形的变化等方面。[①]

二、健美操创编的原则

（一）目的性原则

目的性原则是指在健美操创编过程中，以最终所要达到的目的或获取的结果为核心根据，在创编过程中着重采用因目的任务不同而导致成套编排的结构、动作难度、动作特点、音乐速度等诸多创编因素的不同创编意识，进行有明确性、有实效性的创编。在健美操创编过程中遵循目的性原则，主要为了能更有效地达到创编的目的，使创编过程更有目标性、组织性、实效性。

（二）科学性原则

每套健美操的创编都应严格遵循运动的生理解剖规律。每次运动的负荷应由小到大，运动由简到繁，强度由弱到强，逐步增加身体负荷。当达到并保持一定负荷后，再逐步恢复到平静状态，使心血管系统、呼吸系统、消化系统和内脏器官功能能得到改善和提高。一般成套健美操由引导过渡、基本操、放松操三部分组成。第一部分为引导过渡，包括深呼吸、踏步、伸展运动等，目的是为身体、心理进入基本操部分做好准备，同时了解音乐节奏、速度、风格，调适心理状态。第二部分为基本操，是成套健美操的主要部分，一般从头或足开

---

① 王旭瑞. 健美操运动训练及创编教学探索［M］. 西安：西北工业大学出版社，2020：61.

始，即头颈—上肢—肩胸—躯干—下肢—全身—跳跃，由局部到整体，其高潮在跳跃运动。第三部分为调整放松动作，一般为踏步和全身放松调整。动作速度渐慢，伴以深呼吸，使心率逐渐恢复到平稳状态。①

（三）全面性原则

全面性原则是健美操创编的基本原则，全面性主要是体现在身体活动部位要全面。一个人身体健康的好坏，不仅取决于某一肌肉的强壮或某一内脏器官的功能完善，更取决于人身体最弱器官的功能。所以身体健康就要使人体的关节、肌肉韧带、内脏器官机能等得到全面的发展与提高。一般而言，在编排成套动作时，要尽可能地考虑到使身体部位全面地参与运动，尽可能地使运动部位的动作类型全面；要考虑向不同的方向完成各种不同形式的动作，充分活动身体各部位的关节、肌肉、韧带，改善神经系统的灵活性与协调性，促进身体全面健康发展，达到健美的目的。

成套健美操的动作要包括头颈动作、上肢动作、躯干动作和下肢动作。每个部位的动作类型要尽可能全面：头颈动作有屈、伸、转动、绕环；上肢动作有屈、伸、举、摆、振、绕环；躯干动作有屈伸、转、绕、绕环；下肢动作有屈、伸、举、摆、跳、跑等。动作类型的创编要遵循人体解剖学特点，保证安全、无损伤，例如，头在各个方向的屈、转、绕等动作，上肢在各个方向上的举、屈、伸、摆、绕、绕环等动作，下肢在各个方向上的举、摆、踢、转、屈、伸、跳、绕等动作，躯干的屈、伸、转、绕、绕环等动作。同时还要注意选编一些能增强心血管系统功能的走步和跳跃动作，使内脏器官及各系统得到充分锻炼。

（四）创新性原则

创新教育是人才培养中的一个重要过程，创新教育包括创新意识、创新思维、创新能力以及创新个性等内容。同样，创新也是健美操的生命。没有创新就没有健美操的发展，因此，创新性是健美操创编的一项重要原则。健美操的创编者首先要了解国内外健美操发展的现状和趋势，深刻理解健美操精髓。然后，根据健美操的特点及编操的对象，创编出既有健身价值又有美学价值，既有观赏价值又有表演价值，新颖、独特的健美操。健美操的创新应从多方面着手，在了解健美操基本要素的基础上，对健美操的动作进行创造性的编排，它包括方向的变化，身体的面的变化，动作路线的变化，对称与不对称动作的结

---

① 王有东，孙茂奎，张力. 大学生体育与健康［M］. 长春：东北师范大学出版社，2020：166.

合、长短、曲直的搭配，音乐的创新（包括特殊制作的效果音），动作连接的创新，以及队形路线变化的创新、难度的创新等。

第四节 健美操创编的过程与方法

一、健美操创编的过程

（一）制定目标

当创编者要进行创编时，第一步应是制定目标，因为只有目标明确才能使创编具有目的性，才能尽可能地少走弯路或不走弯路。

制定目标时，创编者要明确，通过套路动作所应达到的目的，也就是说到底是为什么而创编。我们思考这一问题，可先从健美操的分类开始。第一是为了比赛还是健身，第二应是具体的目的，如健身→按功能选择→对象及客观条件等。第三是套路的风格。它决定着成套健美操的个性与艺术价值。

（二）音乐选择与剪接

音乐应符合健美操的特点，节奏鲜明、热烈、蓬勃向上。根据创编的目标，选择音乐的风格，然后根据成套动作的结构或具体要求，确定音乐的长短、起伏，或根据音乐的长短、起伏，确定成套动作的结构与动作。

有了整体构思，便可以有目标地选择音乐。当听到一首乐曲时，应考虑它是否能够使你感动，是否能够激起你的想象与灵感。

选定音乐之后，要反复地聆听音乐，感受和体味、感悟乐曲的开始—发展—结束，不要忽视音乐的过渡部分。

与此同时，着手划分音乐的段落，并进行筛选，在确定所需要的音乐段落后，思考如何使这些段落衔接与过渡，如何衔接自然、流畅、有特点。特别是要有一个激动人心的新颖的开始与结束。

最后进行剪接与编辑音乐的工作。

（三）素材的选择与确定

素材收集工作主要靠平时的学习与积累。当目标确定后，在创编者的素材库中选择适合目标的动作。如：健身操，哪些动作具有锻炼价值，同时又容易被接受。竞技健美操哪些为难度动作与过渡动作，哪些动作为个性动作，特别当动作是独创动作时等等，选择往往不是一次性。与此同时，如果有条件，应把素材拿到组合中先进行检验，看看是否可行有效。通过这两个步骤可以初步确定创编中所要用的素材动作。

（四）建立基本结构

结构就是骨骼，它支撑起整个成套动作。

健身健美操的结构应当是科学的、鲜明的、有序的。健身健美操的基本结构应当遵循健身操的创编原则，而竞技健美操的结构应当根据通常使用的三个基本部分而建立，只是与健身操的目的有所不同，通常竞技健美操的三个部分为：开始→发展→结束。

当根据创编原则建立结构的同时，应考虑音乐在结构中所建立起来的制约性。音乐与成套结构紧密联系的有乐句、过渡、乐段及终止等因素。

（五）按创编原则组合动作

当完成明确目标，建立结构，选择素材之后，可以组合动作。所为组合动作是把两个以上的单动作串联起来的动作组。在连接这些动作时，应按照创编原则去做。在组合动作时可按成套的先后顺序，也可以打破顺序，按主次组合动作，还可以按创编者所感觉到的动作进行组合，再根据结构上的顺序创编其他动作组合。

当确定音乐，并且经过反复分析音乐并对该音乐已经了如指掌后，我们就要考虑动作。首先应该考虑那些有代表性的、风格明显的动作。其次是选择主体动作，也就是需要哪些动作。我们可以把这些动作组成一个一个的动作组合，而这些组合应该是和音乐的段落相对应的。

（六）按成套顺序完成成套动作的组织

当基本动作组合完成之后，我们可以按结构框架把动作组合排列起来，审视其中连接是否顺畅，如有空缺应用动作或组合来填充。

（七）评价与修改

当一套动作初步完成之后，先要进行初步的实践，然后要进行评价与修改，从而使成套更趋于合理与完善。评价工作可以是创编者独立完成，也可以请有关专家进行。健身健美操的评定可参考创编原则，对锻炼价值进行评定，评定通过生理指标，如：心率、耗氧、肌肉与关节的活动量等等，另一方面是否可能造成损伤，前后动作是否顺畅，最后应对其娱乐性、趣味性、艺术性进行评价。竞技健美操要根据规则及创编原则进行评定。如果成套有不足，则应参考创编原则进行修改。修改工作通常要在成套创编完成之后进行，但有时修改工作在创编同时同步进行，边创编边修改，应注意不要过多在细节问题上纠缠，如果过于纠缠，往往会使创编陷入困境，成套创编完成之后进行修改，整体、全面地分析，可以有比较，使成套更趋合理。[①]

二、健美操创编的方法

（一）竞技性健美操的创编方法

1. 基本组合法

基本组合法是指按照竞技性健美操动作编排原则和方法，将两个或两个以上独立的技术动作通过巧妙地结合或重组，形成新的技术动作或成套组合动作。竞技性健美操的动作组合既可以是同一类型动作变化为多个不同特色风格的动作，也可以是不同类型多个单独动作进行适当重组，最后完成成套动作的编排。

2. 多向思维法

善于从多角度、多层面去思考问题，由于创造性思维需要产生不同寻常的思维结果。因此它要求人们从单向思维转向多向思维，在逆向、侧向、发散等思维辐射和转移中寻找出各种具有独创的新设想，对多向思维能力的培养，应注意对某一问题的思考要从全局出发，提出多种思路，当思维在某一处受阻时，应善于及时变换思维走向，当久思不得其解时，可引导注意力转向其他领域，寻求新的启示，当运用通常的方法解决不了问题时，可考虑交换事物的条件、目标等因素，从不同的途径去解决问题。[②]

3. 联想创新法

善于从对一个事物的思维，联想到另一个事物或几个事物的思维。创造性思维的本质在于发现原来以为没有联系的两个或几个事物之间的联系。因此，联想思维可为创造性思维起到积极的引导和铺垫作用。知识和经验越丰富，联

---

① 王鹏. 健美操运动的基本理论及其教学研究［M］. 天津：天津科学技术出版社，2020：145.
② 王姝燕. 全民健身与健美操研究［M］. 天津：天津科学技术出版社，2018：206.

想的广度和深度越大,也越容易产生意想不到的创想结果,如联想能与边缘学科的知识有机结合,将会产生更高价值的新思维。联想创新需要灵感,灵感思维是指突如其来地对事物的本质或规律的顿悟与理解以及使问题得到解决的瞬间思维形式。捕捉灵感的能力是指具有将瞬间即逝的灵感思维紧紧抓住,并及时加工成创新设想的能力。它是通过紧张深入思考的探索之后产生的思维成果,具有突发性和瞬时性特征。灵感思维出现时人们往往没有心理准备,很容易稍纵即逝。所以,要及时记录下灵感思维的内容,保持思维热度并适时向纵深扩大思维成果。灵感的产生与艰苦积极的思维活动,丰富的知识经验等因素有关。

(二) 健身性健美操的创编方法

1. 整体法

整体法是指对全套健身性健美操动作的整体构思,即对一套动作的初步完整的设想。整体构思不是具体动作的创编,而是一种形象的思维活动,这种总体框架的设想,为一套动作确定了风格、时间长短、强度大小、音乐的选择、动作的基本内容等,这也正是整体构思所应包括的内容,同时也确立了全套动作的基调。

2. 分解法

在创编健身性健美操的动作时,可以将成套操分为准备、基本、结束三个部分。准备部分基本以伸拉为主;基本部分要始终保持跳的弹性,此时是整个过程的高潮;结束部分要过渡自然,不能立即停下来,并使机体得到充分的放松,通过降低运动负荷恢复到锻炼前的状态。在整个过程中,动作节奏要由慢到快,运动量由小到大。

3. 线性法

线性法即指逐渐增加新的动作元素的一种方法,是最常用的一种方法。可以是一个个具体动作元素的增加,也可以是一小节一小节动作的积累。也就是说在一组动作的基础上,再创编下一组,以此类推,直到成套动作的完成。

4. 叠加法

指将两个或两个以上独立的动作通过结合或重组,形成新的技术动作或成套组合动作。健身性健美操的动作组合既可以是同一类型动作变化为多个不同特色风格的动作,也可以是不同类型多个单独动作进行适当重组。需要注意的是叠加法并不是简单的动作技术规程,更不是简单地凑合,而是要形成形式多样、技术独特、动作新颖、结构合理并与音乐风格相和谐的动作创新组合。

5. 移植法

是将某一项目的技术动作移植到另一个项目中去，并通过一定的改造而获得新技术动作的方法。现在健身健美操的发展已经融入了许多像拉丁、爵士、街舞、武术等元素，创编者可以将两个表面毫无关联的项目或动作产生联系，通过移植改造则可创编出新颖独特的动作。

第五章　健美操教学模式构建

教学模式的创新和变革是健美操教育满足当今社会发展需求的关键，健美操教育事业的发展同样需要依靠教学模式的创新和变革为之提供不竭的动力。本章主要对俱乐部教学模式、互动式教学模式、情境教学模式、混合式教学模式的构建进行了探索。

第一节　俱乐部教学模式构建

一、俱乐部教学模式解读

俱乐部教学模式是指在体育教学中，为了更好地实现学校教学目标和学校体育的目标，以学生为主体，以健康第一为指导思想，以素质教育和健康教育为目的，从大体育观出发，把体育教学、课外体育活动、群体竞赛、运动训练等有机地融为一体并纳入课程之中，成为一种综合的体育教学组织形式，我们把它称之为体育教学俱乐部。高校体育俱乐部教学模式是学校与学生共同参与的，以俱乐部的组织形式进行组织教学的一种新型体育教学形式。它主要是通过采用分层和分流进行体育教学，所开设的体育俱乐部项目，既遵循高校体育教学的规律，同时又不受班级教学进度以及教学内容的限制，学生可以根据自己的兴趣爱好以及个人特长自愿地选择和参加一种或多种体育教学和健身俱乐部。

根据不同的授课方式，可以将体育教学俱乐部归结为三种类型：课内、课外、课内外相结合的俱乐部教学模式，三种类型的教学模式都有着不同的教学效果，课内体育俱乐部教学模式体现的是以学生为主体的培养目标，注重学生的主体地位，讲求以人为本。课外俱乐部是课内体育教学的延伸，同时是课内体育教学知识的拓展，能够进一步引导学生的学习兴趣。课内外体育教学模式则是有效地实现了课内外体育教学内容的有效连接，让学生所学体育知识能够变得学有所用，有效地提升了体育教学知识的实用价值。

俱乐部式体育教学模式的主要特点可以归结为如下几个方面：首先，涵盖教学内容丰富，包含多项体育运动项目供学生选择，能够紧随时代发展的潮流。第二，以学生为主，俱乐部式体育教学模式更能体现学生的主体地位以及价值，同时在此模式当中学生的表现更为积极主动，更容易获取到体育教学的快乐。第三，教学目标呈多样化，俱乐部式体育教学模式给予了学生更大的主动权，学生能够依据自身的兴趣爱好选择所要参与的运动项目，当面对自己喜爱的运动项目时，学生往往会表现出更为积极的主动性，学生更容易融入体育运动所带来的快乐之中。

高校健美操"俱乐部"教学模式是在素质教育与"健康第一"的指导思想下开展的一项体育健身模式，符合学生的发展需要，同时也是秉承了终生教育与终身体育的思想，使学生能够在健美操课题教学之余，能够自主地进行健美操锻炼习惯的养成，对于学生养成终身体育锻炼的思想意识非常重要。最后，高校健美操"俱乐部"模式的教学，是发挥学生的主体性的教学模式，在教学的过程中主要是为了发挥学生的主观能动性，学生的创造性，学生的自主性等，为学生更好地选择，更好地发展提供了广阔的发展空间，有利于满足学生体育健身的各种需求。

二、俱乐部教学模式在健美操教学中的价值

（一）有利于培养学生的体育兴趣

健美操俱乐部的训练模式不仅可以让学生享受动感的音乐，观看教练的视频，完全放松身心，还可以扩展自己的爱好，培养他们的兴趣，提高他们的体育热情和体育活力，让学生开始喜欢健美操。俱乐部的各种表演和比赛可以展示学生的才能和风格，增强学生的集体荣誉感，提高学生的心理素质，增加学生对运动的信心。此外，俱乐部的培训计划可以充分满足学生的培训需求，并且有氧运动训练将得到普及和拓展，学生将受益于整个有氧训练过程，这也将培养学生一生对体育运动的兴趣。

（二）有利于提升师生之间的竞争与合作意识

体育俱乐部形成选择、教师选择等机制。学生可以自由选择教师到俱乐部

学习，这对体育教师来说造成了一定的竞争压力，使得体育教师成为培养或实施该项目的专家，拥有一定的权威，可以掌握几个基本的运动技能，成为多才多艺的人才。[①]

（三）有利于提高学生的体育锻炼能力

健美操俱乐部教学模式实施的是分层教学，能够最大限度挖掘学生的学习潜力，发挥学生的主动性。健美操俱乐部与社会体育活动接轨，及时增加一些流行的健身操种类和形式，丰富教学内容，可快速提高学生的学习兴趣。学生在各类新颖的健美操学习中，能够积极主动地去锻炼，去学习相关的理论、锻炼方法和运动技能，从根本上提高了学生的体育锻炼能力。在经过一段时间的俱乐部教学后，学生的自我调控能力会得到明显的提升。不仅可以提高学生的健美操技能，还可以有效锻炼学生在活动计划、动作编排、音乐选配以及节奏调整方面的能力。

（四）有利于提升学生的运动水平

健美操俱乐部教学模式内容的丰富性、时间安排的灵活性，选课机制所具有的层次性、竞赛与表演活动的丰富多样，都能够充分提升学生的运动水平。在健美操俱乐部教学模式下，学生可以结合自身的条件以及特长选择合适的健美操学习项目，从而提高学生的参与热情，使学生的运动水平和运动技能得到快速提升。目前，很多代表学校参加各类健美操比赛的学生，大都来自各高校的俱乐部。因此，俱乐部这种健美操教学模式，能够为竞技体育培养大量的后备人才。

（五）有利于丰富课余活动

健美操俱乐部模式教学开设的体育课程项目比较丰富，这些课程也是当下比较流行且深受学生们喜爱的体育项目，学校可组织学生参加不同项目的比赛和表演，丰富学生课余体育活动，增强学生参加体育锻炼的意识。学校也可组织学生参加竞赛编排和裁判的培训，培养了不同项目的体育骨干和精英，促进校园体育文化的建设，更有利于提高竞技体育水平。通过体育比赛和表演，学生能更好地掌握体育课程，调动学生学习的主动性和积极性，认识体育带来的乐趣，享受体育的快乐，陶冶学生的情操、提升学生的情趣。

---

① 刘泽泽. 高校健美操教学中俱乐部教学模式的应用［J］. 年轻人，2019（20）.

（六）有利于优化教师的整体素质

健美操俱乐部需要不断更新教学内容，需要根据学生的自身条件选择教学方法，还需要教师对考核体系不断完善，对各类比赛活动进行组织和指导，这些对教师来说，都是一次综合素质的挑战。这就要求教师不仅要具备专业的技术能力，还需要具备大胆探索的精神。需要教师在相对单一的教学项目中，成为一个教学的多面手。教师不但要教会学生健美操的基本动作和知识，还应该教会学生如何自学，不仅要善于引导，还要善于管理。另外，在俱乐部教学模式下，学生可以自主选择教师，这样必然会激发教师的竞争意识，不断寻找机会充实自己，提升自身的整体素质。

三、健美操俱乐部教学模式构建的策略

（一）培养学生文化素养和终身体育意识

健美操俱乐部实施过程中改变传统的、单纯的运动技术、知识、技能的学习，开始注重学生文化素养的整体提高，比如一些理论知识的学习，请体育专家进行专题讲座，开展体育知识竞赛等，彻底改变过去那种认为"体育文盲，头脑简单，四肢发达"陈旧的思想观念。

目前很多大学生在校期间，因为有体育课程或者自由的时间比较多，没有太多压力，还能坚持体育运动。当学生离开学校走上工作岗位后，资历浅，工作经验少，加班对他们来说是很正常的事情，对于那些有一定资历，想在工作事业上有更好的发展，他们就要花更多的时间在工作上。当有了家庭的时候，时间就更紧张，除了工作剩余的时间要腾出来照顾家庭，在这种忙碌的形式下，就会远离体育运动，因为学生的体育意识淡薄，没有终身体育的意识，认为体育运动是一个可有可无的事情，甚至有人认为体育运动是浪费时间。实际上生命在于运动，没有一个好的身体，一切都是零。国家高校体育课程标准明确强调学生校园体育要向终身体育转型，通过健美操俱乐部模式的教学，更注重培养学生的创编能力和团队协作精神，促进学生个性发展，使学生可以真正接受和喜爱健美操，建立终身体育的意识。

（二）参观社区活动中心和商业健身俱乐部

传统的课堂教学并不能激发学生的兴趣，教师可定期组织学生参观社区活

中心和商业健身俱乐部,并与这些场所的健身人群进行相互交流学习,并给社区的健身会员免费上健身课程。学生通过这些学习和交流更好地掌握专业知识,增强学生的自信心和社交的能力。单纯的课堂理论教学存在很多的不利之处:第一,学生上课可能不太专心,注意力不够集中;第二,很多实践遇到的问题,可能在课堂上教师讲述不到;第三,课堂教学的学习场地的疲劳感。偶尔参观互动方式的教学增添学生学习场地的新鲜感,促进学生学习的积极性,也可以锻炼学生在参观互动教学过程中遇到问题时,能从容淡定地开动脑筋,想办法解决问题,同时也能增强学生的教学自信心并能检验学生在校期间学习的情况。如果学生感兴趣的话,还可以实习学习俱乐部的经营管理方面的知识,从事健身方面的工作,对于学生来说也是一个很好的就业机会。

(三)制订完善的教学计划

在高校健美操教学中,俱乐部的教学方法仍处于研究和探索阶段,因为它涉及培训内容和目标的变化。在特定的应用中,有必要制订健美操的完整训练计划。该计划必须明确评估健美操培训质量的目的、内容和标准,并确保该计划提高学生的专项技术能力和体质,促进学生的身体健康发展。与此同时,俱乐部的培训模式已经建立了一个多层次的开放式培训,学生可以根据自己的能力选择不同类型的体育课。例如,在设计健美操训练水平时,根据各种学习目标,分为初级、中级和高级培训课程。初级课程旨在用健身课程改善学生的身体状况,尤其注意基础的培训,中级课程旨在向学生传授专项技能和培养兴趣,高级课程旨在培养学生的竞技意识和创新精神。

(四)采取多样化的教学内容

高校健美操俱乐部的培训制度是使高校适应当前趋势,提高自身教育水平的重要手段。引入健美操俱乐部培训模式可以丰富培训和教学的内容。例如,俱乐部可以创建拉丁健美操、有氧健身操和街舞等课程,以满足学生的需求,提高他们参与的热情。此外,教师还应观察现代大学教育情况的变化,及时修改教学观念,不断学习和提高各种技能、教学和组织能力。他们的专业技能和专业能力必须满足现代学习情境的需要。

(五)科学组织锻炼

高校体育课程较少,有些学生每周只能参加一次体育课程,这远远不足以满足体育课程的需要。健美操的学习是一个渐进的过程,高校体育课不能保证学生掌握健美操，更不用说如何提高健美操水平、赢得健美操比赛。而从锻炼身体的角度来看，传统的体育课程无法有效地实现健身目标。在健美操俱乐部引入培训计划，可以将课堂内外的课堂时间有机结合起来，使学生的健身计划和安排也更具科学性。在健美操俱乐部的训练模式中，学生每周可以在俱乐部参加2~3节课程，并且可以根据实际情况确定课程的持续时间。教师可以组织专门的工作人员记录学生的出勤情况，并随时进行检查和指导，也可以将学生参加健美操俱乐部的出勤作为成绩的考核项目。

（六）制定评估能力的合理方法

俱乐部的教学方法是一种新的教学方法，有必要通过关注学生的教育过程而不只是最终的成绩来填补传统学习的空白。俱乐部式的学习，要求以学生未来的发展为理念，以使每个学生成就自我价值为目标，使每个学生都能得到鼓励和享受进步的快乐的过程，培养积极的体育精神。在实际的教学评估方法中，教师可以通过五种方式评估学生：运动参与、运动技能、身体素质、心理素质和社会适应能力。参与是指每学期学生的出勤率和参加比赛的次数，运动技能是学生掌握的基本动作，健身是通过体育锻炼提高身体素质的程度，心理素质是学生在俱乐部式学习过程完成后，心理素质大大提高，对生活态度乐观。社会适应能力意味着学生在体育赛事中表现出良好的体育道德和合作精神，能够恰当地管理竞争和协作的过程。

（七）比赛或会演形式教学

健美操俱乐部开设的课程项目比较多，在学期将结束的时候，各项目的考核是以院系间的健美操比赛形式，或者元旦晚会汇报演出的形式，组织学生一起练习。这些活动的开展，首先丰富了学生体育文化生活，促进校园体育文化建设；其次，可以更好地检测学生学习效果，使学生更牢固地掌握专业知识；再次，也增强了学生们之间团结合作的意识、团队精神和集体荣誉感，使学生体会到通过共同努力，共同奋斗，无论结果如何大家都会觉得有意义，认识到成功的背后需要付出大量的辛勤汗水，更能增进大家的感情；最后，通过学院系部间的比赛，也可发现和选拔一些身体素质比较好的优秀学员组成校队进行专业的培训，参加市级、省级的比赛。现在的比赛比较多，要想在省、市级比赛中取得好成绩，以前是靠临时突击拉人组队集训，导致学生和老师在精神上、体能上都很疲惫，运气好的话可能会取得好的名次。但现在很多高校领导都非常重视体育，各项目都成立校队，进行长期训练，再想靠运气获得成绩不太现实。通过俱乐部教学模式进行选拔优秀苗子，这样不会埋没人才，经过长期系统训练，参加省级、市级比赛，对学生和老师来说相对之前在精神上，体能上轻松很多，也是比较合理的方法。

（八）提高健美操俱乐部的硬件支撑水平

当前大多数高校都已有室内健美操场馆，但学生进行体育锻炼时仍多为室外场地，健身的手段较单一，这与现在体育倡导的"健身方式多元化"要求相矛盾。学校在场地设施建设中，多考虑学生使用权，以惠及学生为出发点，建设体育场地设施；俱乐部教学空间大，弹性强，相对教师的业务水平也要提高。所以健美操教师不仅要努力提高自己的专业水平，在教学中不能把增强体质看作体育课的任务，还要把学生的课余和校外锻炼相链接，不能把体育课教学目标和学生课余体育割裂开来。

（九）明确健美操俱乐部的管理

对于健美操俱乐部的管理，各个学校往往不尽相同，有由体育部管理的，也有由学生处管理的，还有由校团委管理的，管理部门由于自身职责及对俱乐部认识的不同，导致在指导健美操俱乐部健康发展过程中出现不同问题。建议成立校领导挂帅，团委或体育部领导和学生骨干参与组成的俱乐部管理委员会，俱乐部的教学、训练、课外健身、课余比赛、裁判培训、学生体质测试、教法研究、成绩统计及科研等各项工作均由管理委员会全面负责，为俱乐部活动顺利开展提供支持与帮助。

第二节　互动式教学模式构建

一、互动式教学解读

（一）互动式教学的内涵

互动式教学是指在教学过程中"教"和"学"两个过程互相作用，从而形成的一个动态过程。"教"即是教师的主导施教，"学"即是学生的主体认识。这里还需要解释一个词"互动"。"互动"是社会心理学生的概念，它的表现形式是多种多样的，比如人与人之间，人与物之间，人与环境之间这些都是客观的互动关系。在课堂上学生与教师的互动是属于人与人之间的互动，即人际互动。在这种互动的作用下，师生关系得到调节，让学生在和谐的学习氛围中接受知识。

(二) 互动式教学的类型

1. 师生课堂互动

对很多学生而言，其思维方式、学习策略（如时间安排、学习习惯等）等尚未发生转变，尚未具备"教学要求"所提出的自主学习能力，不能充分利用健美操的学习资源和环境。因此，需要教师的积极介入，在情感方面进行疏导，填补元认知学习策略。所以，在第一课堂，教师应充分利用计算机网络、各种教学软件和音频、视频资料，立体地呈现教学内容。同时，根据学生的信息反馈，结合学生的认知、情感，设计适合其生理、心理特点的各种教学活动。

该模式"以教师为主导、以学生为中心"，课堂活动基本上围绕着学生进行。例如，给学生提供相关信息，帮助学生理解和解决问题。教学通常以教师讲解—学生聆听—教师提问—学生回答—教师评定—学生聆听—教师纠错—学生操练等步骤进行。在教学的所有环节中，师生之间的互动遵循"刺激—反应"原理，教师首先给予学生外部刺激，随后，学生的行为相应地发生改变。就是在这样不断的刺激、反应、强化、操练的过程中，学生逐步掌握知识点。

2. 生生"社区"互动

生生"社区"互动是师生课堂互动的一个自然延伸和补充，营造学习氛围，扩大学习的时空范畴，让学生在体验中学习，在学习中体验。

生生"社区"互动教学模式的实施环境，是寝室、第二课堂和第三课堂。教学模式主要围绕精心设计的合作学习任务或者真实任务展开。一方面，课堂上学到的内容和方法，应该在课外得到进一步的练习和巩固。另一方面，通过大量的实践活动，帮助学习者形成问题意识或主人翁责任感，并以此驱动学习者实现学习目标，全面提高实践能力。

3. 生机多元互动

伴随着信息化教育技术的发展，计算机从辅助角色逐渐转变成主导角色。生机互动模式中，计算机扮演多种角色，既可作为教师，也可作为学伴，使外语教学真正做到虚拟化、个性化、合作化和自主化。学习者利用海量的网络资源进行学习，并与信息资源环境教学内容和教学媒体进行互动，这种方式可以极大地满足个性化和自主性的学习需求。

生机多元互动以多媒体语言实验室、网络教室、基于校园网的学习平台、校园网络论坛等为信息载体。该模式能提供视频工具、知识建模具、形成性评估支持工具和信息收集等认知工具，帮助学习者完成问题求解任务。它延伸了学生学习的空间，为学生提供了个性化学习的良好环境，使学习资源更加丰富。在教师精心设计的导学计划帮助下，学生的学习既是自主性学习，也是交互性学习，学生的学习潜质可以得到前所未有的发挥。

4. 教师多元互动

顾名思义，教师多元互动是指教师之间的交流与合作。教师互动通常包括三种形式：一是单元教学设计研讨，二是相互听课学习，三是"在线"专业交流。在单元教学设计研讨过程中，各课程组的教师代表根据组员的建议，就某一单元进行教学设计。之后，把教学设计的样稿发布到指定公共邮箱公示一周，其他教师有针对性地提出修改建议，接着教师代表结合同行的建议重新修改教学设计，供大家参考。最后，课程组的各位教师针对自己教学班的具体情况，对教学设计样稿进行调整。相互听课是教师互动中的另一个举措。单元教学设计仅仅是一种"纸上谈兵"，在课堂教学实践中，教师组织、实施教学，既需要艺术性，也更具观赏性。所以，课程组的成员要利用空余时间深入课堂听课，现场观摩、学习同行身上有特色的教学方法，并在下一轮的研讨中与大家分享。但是，由于系部集中时间少，每周只有一次，而且每次集中的时间比较短，难以达到畅所欲言的效果。值得庆幸的是，现代信息与技术为教师之间的专业交流提供了便捷的途径。所以，同一课程组的教师建立自己的 QQ 群或微信群，以便所有成员进行在线专业交流。

二、健美操互动式教学模式的结构

（一）互动式教学思想

互动式教学模式中，教师与学生要相互交流，相互理解，教师和学生要相互尊重，教师尊重学生的个性发展，学生尊重教师，师生间相互促进，共同进步。

（二）互动式教学目标

互动式教学模式是为了促进学生掌握健美操技能，调动学生学习体育的积极性，为学生创建一个健康平稳的平台，增强学生学习健美操的信心，让学生通过相互交流，学会合作、竞争，提高学生群体的凝聚力，培养学生健康的体育理念和体育精神，促进学生的全面发展和综合素质的提升。

（三）互动式教学的教学方法

互动式教学方式首先要学会角色互换，在进行教学时，教师和学生要以课程为公共点，教师与学生不断的相互转换角色，而学生与学生之间也不停地转换角色，整个课程保持着动态转换的状态。互动式教学方法强调教师与学生要双向交流，在交谈中调动课堂气氛，提升教师与学生的积极性，将学生潜在的能量开发出来，将健美操的教学效果达到最大化。在健美操教学中，教师多数情况下要以学生伙伴的身份存在，站在学生的角度，抓住学生的心理。用平等的身份与学生探讨教学中的问题，用自己的经验引导学生，启发学生，教师要获得学生的认同，让学生愿意同教师交流、互动。

互动式教学要注意学生群体之间的交流、合作，在学生合作的小群体中，教师的主体地位会减弱，学生成为学习的主体，学生自己通过相互学习来提高自己，这样不但增加了学生能力，还强化了学生的团队精神，对师生关系的改变有重要的作用。

（四）互动式教学模式的教学评价

在传统的教学模式中，教师经常采用单一的测试方法来考核学生，这种考核方法对学生很不公平，有的学生可能因为身体素质比较差，但有较强的创新能力，教师却单纯地用检测身体素质来决定学生的成绩，这样的考核很容易挫伤学生，让学生对健美操学习产生恐惧感。互动式教学方法是从多个角度对学生进行考核，学生平时的学习情况、健美操运动技巧的掌握、身体素质、创新能力、团队合作精神、相互交流的主动性等都成为考核的一部分，互动式教学不再是过去单纯的教师考核，而是教师考核和学生互评相结合，综合全面地对学生进行考核，这样不但能提高考核的公正性，还能有效地促进学生综合能力的提升，对学生的全面发展具有重要的意义。

三、健美操互动式教学模式构建的策略

（一）教学观念转变

健美操是高校新兴的体育课程，它对学生的综合能力训练有很大的帮助，将互动式教学模式应用于高校健美操教学中，有着重要的意义。互动式教学改变了传统的教学体系，将教师的主导地位改变，学生成为课程的主体，这种全新的教学模式需要与之相匹配的教学思想来操作，因此，在高校健美操教学中，教师首先要转变观念，帮助学生建立自助健康的健美操学习理念，让学生自己积极主动地学习健美操，这样不仅能提高健美操教学质量，还可以陶冶学生的情操，帮助学生树立正确的人生观、价值观。

（二）建立合理的目标

在高校的健美操教学中，教师与学生多进行交流，了解学生的内心世界和想法，从学生的角度出发，建立符合学生实际情况的目标，让学生根据教学目标，有效的实行训练，促进学生的健美操水平的提高。高校的健美操同社会的健美操比较相似，因此，教师可以让学生多观看一些社会上的健美操，通过比较寻找两者之间的相同地方，加深学生的记忆。

（三）营造良好的氛围

互动式教学方法强调教师与学生不断的相互交流，相互学习，因此，这就需要教师营造一个良好的学习氛围，鼓励学生与教师，学生与学生积极主动地进行交流，相互促进。教师要采用科学的手段，从学生的角度思考，打造一个轻松、快乐、自由的交流平台，让学生在交流中提升，在讨论中增强。互动式教学不只是为了提升教学质量，更重要的是为了提升学生的综合能力，培养学生正确的健美操理念，让学生愿意学健美操，能学会健美操。

第三节　情境教学模式构建

一、情境教学的相关概念

（一）情境

情境，即情景、境地。情境的定义，并不是现代才有的，它来源于中国古代的一个美学概念——意境说，其杰出代表是一千多年前刘勰的《文心雕龙》，以及近代学者王国维的《人间词话》。意境说认为外界环境对人的内心活动会产生一种指引和调节的作用。作为中国情境教育产生的土壤，意境说是我国的情境教育之所以富有中国特色和乡土气息的重要原因。

在不同的视域下，情境表现为不同的特点，既可以是观念的，也可以是客观的；既可以表现为基于学校与课堂的功能性，又可以表现为社会与自然的生活性。可见，情境并不是一个单一的概念，而是包含着深刻丰富的含义和内容，因此，基于情境的教学模式具有很高的可开发价值。

（二）情境教学

1. 情境教学的内涵

情境教学，是指在教学过程中教师有目的地制造或创设以形象为主体、具有一定情绪色彩、能够为知识探索提供具体的活动场景或学习资源，以此为支撑启动教学，使学生产生学习的需要及动力，推动教学进程，同时通过情境中传递的信息，引起学生一定的感受和情感体验，帮助学生实现对知识意义的主体建构，并优化和发展其心理机能的一种教学方法。

情境教学是将自然状态下时间与空间上分散的情境，经由教师有目的地设计为加工过的、在时空上有序集中起来的学习情境来组织课堂教学，学生在其中学习，全程都能感受到情境的激发、情境的推动及强化，有意义的学习在情境中自然而然地发生，学生的思维、情感在不断地深入，个性化的知识体系逐渐地建构。情境教学中情境创设就是立足学生的生活与精神世界，创设与当前学习主题相关且尽可能真实的情境，为学生进入知识并与知识对话铺设多样的路径，从而缩短学生与课程之间的心理距离，达到学生主动参与、主动发展的目的，并促成知识意义的自主建构。

2. 情境教学的基本类型

在教学过程中，情境教学法经过不断的发展，形成了类型丰富的案例创设，主要有知识式情境、故事性情境、热点型情境和学生角色扮演四种类型。

（1）知识式情境

知识式情境是指在情境导入过程中，教师运用一些法律规范、道德观念、生活常识等一系列的知识型素材来创设情境，使同学们自主地参与到课堂中，发表自己的看法和情感，并在情境中潜移默化地获得知识。在运用知识式情境时，教师的主导性依然重要，教师要耐心引导学生、纠正学生的错误观点。在知识式情境中，教师对于学生讨论的观点要进行适当的引导，最后要进行归纳和总结，让学生在情境中学会知识、学懂知识、运用知识。

（2）故事性情境

学生要主动发展，参与是基本保证，创设一个故事性情境就能让学生积极主动参与教学活动中。

教师应根据符合具体教学内容来进行情境创设，通过生动形象的小故事来提高学生参与情境的兴趣，进而引出教学内容，让学生自己在融入故事情境时可以发现并提出问题。教学对于学生们来说可能有些枯燥，只有很少的学生愿意主动参与到课堂中来，这时就需要教师能为学生创造一个欢快、轻松的情境，以引导其主动地、愉快地接受教学内容。

(3) 热点型情境

学生是紧跟时代潮流发展的先锋，对于新鲜事物的接受能力也是较为迅速的，热点型情境是一种教师根据日常生活中正在发生或刚刚发生的事件，或者是当下最火爆、流行的东西创设的情境，它能吸引学生的兴趣，让其面对问题主动探讨。

孔子曰："疑是思之始，学之端。""疑"是学生探究学习的开端，这就需要教师创设情境时围绕着"疑"多下功夫，使热点话题的情境贴近学生、贴近生活、贴近实际，能够使学生在情境中投入真情实感。置身于时事热点情境中，学生不仅可以学习、掌握到书本上没有的知识，而且还能真正地参与到实际社会当中。

(4) 学生角色扮演

教师在课堂上根据教学内容设定一个特定的情境，要求情境中所有角色都由学生来承担，学生在课堂上进行角色扮演，这就是学生角色扮演方法。

学生在课堂上通过角色扮演重现生活的情境，能轻松、愉快地学到知识，课堂也会充满生命力。学生在进行角色扮演时会根据自身切实的体验来处理自己的表演和课本之间的关系，通过表演，学生可以学会与同学彼此倾听和尊重，这有利于培养其与人交往的能力，帮助其形成健康向上的人格。

二、健美操教学中创设情境的特点

(一) 情境具有主题性

一方面，情境教学法的应用要求必须以确定主题为前提条件，所有的情境编排、设计和操作都要紧紧地围绕主题而展开。另一方面，健美操按照不同的标准分为不同的类型，而每一个类型都有不同的主题和方向，因此也要求创设的情境具有主题性。

（二）情境具有创新性

情境教学法要求健美操教师在教学设计中，运用自我的创造性思维，发挥自我的丰富想象力，把创设的情境跟教学内容有机结合，为学生创设乐学情境而激发学生学习兴趣，为学生创设问题情境而激发学生质疑能力，为学生创设想象情境而培养学生创新能力，为学生创设生活情境而鼓励学生找到解决生活问题的新思路和新途径。因此，情境的创新性有助于诱导学生发现问题和解决问题，能够切实培养学生的创新能力。

（三）情境具有互动性

在健美操教学的过程中，教师和学生必须充分的互动，在互动的情境中师生间有信息的传递和情感的交流，也有创新思维的撞击和产生，这有利于建立一种相互平等、相互尊重、相互信任的关系，从而使学生在一个和谐宽松和心平气和的环境中学习。

（四）情境具有激"情"性

在健美操教学的过程中创设的情境要激发学生的积极情感，剔除情感中的消极成分，这样才能激起学生积极的、健康的情感体验，直接提高学生学习的积极性，使学习活动成为符合学生自我意愿的、快乐的事情，使健美操教师讲授的知识和技能内化。

三、健美操情境教学模式构建的意义

（一）激发学生的兴趣和积极性

以前的高校健美操教学就是简单的"填鸭式"，老师只是注重健美操动作与技能的传授上，老师把健美操动作进行分解式教学，使学生在感官认识上熟悉与掌握动作的基本要领与规范程度后，进行机械式的模仿，这种照搬照用的模仿式学习，阻碍了学生对健美操运动内涵的理解，同时，因为枯燥教学形式与内容，使得学生的学习兴趣逐渐丧失，情境教学法具有独特的教育功能，它根据大学生的思维习惯和个性，有针对性地融合形、美、情，结合周围情境，比如在健美操教学过程中，通过语言描述或音乐渲染情境，让学生身临其境，进行角色扮演，让学生在喜爱的环境学习，从心底喜欢学习，在学习过程中，学生能获得更多的乐趣，学习也更积极，可以取得很好的效果。

(二)增强学生的适应能力和创造力

实践证明,情境教学法,与一般的教学法比较,它主题鲜明、情境创设意义深刻,对培养学生完整的心理和情感有非常大的作用,它能够促成学生在健美操教学的适应能力,适应新的环境和角色,同时也可以在教学中运用情境教学法来激发学生的情感,提高学生想象、创造、审美能力和陶冶情操,让学生可以在学习过程充分想象场景,在情境模拟中,启迪学生思维和智慧,模拟并创造出新的健美操动作,促进健美操运动的发展。

四、健美操情境教学模式构建的策略

(一)语言情境法加深理解

语言情境法较为简便,教师可以用语言描述情境,让学生自主将听觉感知转化成视觉和其他感知,对于没有条件展示多媒体情境的教学环境来说,这是一种很好的教学方法。高校学生的逻辑思维能力和理解能力已经十分完善,所以采用语言情境法可以有较好的教学效果。

除此以外,创设语言情境还可以更详细地给学生讲解健美操动作的状态,分析健美操的结构,让他们了解要如何控制节奏、速度和力量,加深对动作要点的理解,这能促使学生健美操能力全面提高。

(二)表演情境法激发兴趣

在健美操教学中,教师还可以创设一定的故事情节,让学生扮演其中的角色,这种方式使得学生成为健美操活动的主体,让他们在主动创造的过程中提高健美操的灵活性。对于高校学生来说,简单而枯燥的重复动作往往让他们缺乏兴趣,而表演情境的创设则能很好地激发他们的学习兴趣。例如,在进行拉丁健美操的时候,教师可以简单介绍一下髋关节、腰部、胸部、肩部的动作要领,教学生一些基本动作,然后创设表演情境,让学生将课堂想象成是一个盛大的交友舞会,他们则是想要寻找舞伴的人,要求学生在健美操中展现出热情奔放的情绪,将情感投入到舞蹈中。由于创设了一定的情境,所以激发了学生的学习兴趣,他们能更加积极地投入活动中。尤其是一些性格较为内向的学生,在这样充满活力的表演情境中,他们也能放开自己,尽情投入到锻炼中。

（三）用现实生活诠释情境

在健美操教学中，教师可以组织学生观看全国大学生健美操比赛，有意识地引入或创设具有积极情绪色彩的场面，促使学生积极学习并且探索健美操的真谛。播放美国著名好莱坞影星简·方达的《简·方达健美操》光碟，讲述简·方达成名的艰辛过程，督促学生克服身体上的惰性和心理上的自卑情结从而抓紧时间刻苦训练。

（四）游戏情境法展开竞争

游戏情境法的设置能提高健美操运动的竞争性，鼓励更多的学生积极参与其中。在游戏情境中，绝大多数学生都会提高注意力，增加兴奋感，提高参与度，教师可以设置适合学生年龄段的游戏，促使学生更积极地投入活动中。例如在学习了传统的有氧健身操之后，教师让学生进行竞争游戏，将学生分成若干小组，分别进行单人、双人、三人、集体等项目的比赛。教师根据动作难度设定若干必选项目和若干备选项目，每一组学生可以根据自己的能力来选择各种动作，又或者进行抽签游戏，学生抽中哪些备选项目则必须在健美操内加入这些动作。教师根据健美操编创的完整度和各种动作的完成度来评分，若无法完成该所选动作则扣分，最后看哪一个小组的分数最高。教师可以给竞赛游戏设定主题，如"魅力校园"等，提高学生的兴趣。

（五）用多彩音乐渲染情境

音乐是和谐而又有韵律的电磁波排列，当不同风格的音乐传播到人脑会引起人不同的情绪反应。教师根据教学内容选播或欢快或温柔或奔放的音乐，这样可使学生消除学习的疲劳、兴趣盎然和情绪高涨，营造浓厚的课堂气氛，让学生愉快地识记健美操理论知识，轻松地掌握健美操的动作技能，获得良好的教学效果。

（六）问题情境法引发思索

高校学生思维能力较强，对未知事物充满探究的兴趣，教师可在教授健美操的时候可以通过设置问题情境引发他们思考，让学生在特定情境中建构新知识，全面掌握健美操。例如在健美操中常常使用波浪运动，包括手臂波浪、身体前波浪、集体波浪等，部分学生身体柔韧性较好，所以能很好地完成波浪动作，但是有的学生却不能完成。教师可以设置问题情境，让学生分小组讨论这个问题:"如何才能做好手臂波浪的动作,能出色完成这个动作的同学可以给其他同学介绍一下完成动作的经验。"又或者提出扩展性问题,使学生进入更深的思考:"如果要将器械和集体波浪结合在一起,可以采用怎样的方法。大家试着分小组讨论一下,看看哪个小组设计的动作最为巧妙。"创设一定的问题情境能促使学生深入思考,更有利于学生学习和掌握基本功。

(七) 多媒体情境形象展示

多媒体情境法较为直观形象,它将音乐、视频等多媒体元素结合起来,可以更清晰地将健美操要领展示给学生。例如在进行街舞类健美操的教学中,部分动作需要身体协调运动,难度较大,教师在教授这些动作的时候可以利用多媒体视频展示分解动作,并逐一展示给学生,这样能让学生更全面地看到这些动作,从正面、侧面、背面多角度观察,这样才能更好地掌握这些动作。此外,还可以利用多媒体播放一些精彩的健美操片段,让学生看到别人如何进行健美操运动,并鼓励学生模仿并学习这些健美操动作。多媒体情境具有声情并茂的特点,形式生动多样,可以避免教师讲解不足的情况,当教师无法准确用语言解释这些动作时,教师可以利用多媒体展示这些动作。多媒体情境能形象化展现各种动作,促进学生提高学习速度。

五、健美操情境教学模式构建的注意事项

(一) 情境设置和教学内容相结合

将情境教学法引入健美操运动时首先要注意的是情境的设置必须和教学内容相结合,单纯为创设情境而创设情境,反而会降低教学效率。如果健美操是较为激烈的搏击健美操,在设置情境的时候则也可以选择与之相符的音乐、视频,若配乐过于舒缓,则和内容不符,无法调动学生的激情。此外教师还要注意学生的年龄,在设置情境的时候要选择符合学生心理特点的方式,若让高校学生在表演情境中扮演森林中可爱的小动物,则会让他们感到过于幼稚,反而无法起到触动情感的效果。在设置教学情境的时候教师要注意和学生的日常生活相结合,这样能让学生感觉更有亲切感,更容易接受。

(二) 情境设置融入整个教学环节

设置健美操教学情境时还要注意将情境设置融入整个教学环节之中。部分教师只是将情境设置作为引子,在用寥寥数语激发学生兴趣之后就忽略了继续设置情境,时间一长情境设置的效果便荡然无存。教师要使得情境设置贯穿于全部的教学环节,如果有条件的话还可以延伸到学生的课余时间。例如在问题情境教学法后,教师在完成课堂教学后可以向学生提问,让学生尝试根据课堂上学习的内容自编类似的健美操动作,在下堂课上进行自由展示。这样的教学方法不仅可以将问题情境从课堂延伸到课外,同时也能更好地激发学生的学习和研究兴趣。[①]

第四节 混合式教学模式构建

一、混合式教学解读

(一) 混合式教学的内涵

混合式教学并不是单纯的网络教学或传统课堂教学,而是两者的教学资源整合后形成的教学模式,其应用的根本目的和意义,则是丰富课堂教学资源和形式,进而提升课堂教学效果和质量。应用混合式教学模式,需要教师对传统的课堂教学进行有效的处理,立足于实际情况改革优化,进而构建优化的课堂教学模式,提高学生的自主学习能力,促进学生的个性化发展。

混合式教学模式主要通过三个层面展开:第一,通过检索线上的教学资源,为学生提供详细的知识讲解内容;第二,将线上教学资源引入传统课堂教学中,实现对知识的巩固学习;第三,运用混合式教学模式后,教师需要根据学生的线上线下学习效果,展开综合性的考核评价,根据反馈结果进行教学模式的调整和优化。混合式教学在课堂中的有效应用,使学生的学习不再受到地域和时间的限制,实现了随时随地学习知识,真正提高了教学的针对性和有效性。

(二) 混合式教学的特点

1. 教学资源共享性

线上线下混合教学秉承开放共享理念,它是多主体协同,强调教育资源广

---

① 戴天骄. 情境教学在健美操教学中的应用研究 [J]. 体育世界,2017 (15).

泛共享。在中央、地方各级主管部门的支持和实践中，目前，线上教学平台中拥有大量制作精良、内容丰富的教学资源。因此，教师在混合式教学中一定要充分利用庞大的线上资源，科学合理地整合、优化或再建学生学习资源，及时更新推送学习资源，以便学生能方便、快捷地从线上获得学习资源，从而实现资源的共享。

2. 教学时空灵活性

随着互联网技术、网络化和智能化的迅速发展，健美操教学时空环境构成发生了很大变化。教师与学生连接形式的多样化，教学时空的拓展，使学生的学习方式更加自由、灵活。学生通过线上观看视频、查找、翻阅资料，考试测验、教学互评掌握基本理论。线下教学重点是对学习问题和高级目标的深入探讨，不再是知识点的传授。线上线下师生间的交互，有效帮助教师随时随地了解学生的思想动态和学习状况，也为学生自主学习提供了有效的途径。

3. 教学内容针对性

混合式教学为学生提供了丰富优质的学习资源，学生在学习时拥有自主选择权利，充分观照了学生主体间的差异，提供个性化的学习服务。同时，混合式教学可以充分利用大数据分析的优势，因材施教，增强教学内容的精准性。教师要善于采集、挖掘、分析数据，了解学生需求、能力及知识掌握程度，了解学生关注的热点问题以及思想疑惑，适时调整教学内容，有针对性地回应学生问题，突出教学重点和难点。

4. 教学方法的创新性

学生课前通过学习线上教学资源，初步掌握基本知识点和简单的理论。课堂教学不再是简单的知识传授，而是聚焦解决教学的重点与难点问题及学生在学习中遇到的困惑点。因此，教师要不断创新教学方法，积极探索线上线下混合式教学规律，掌握学生学习特点，研究分析社会热点，结合学生的思想实际，启发学生思考，精心设计和组织教学活动，采取启发式、参与式、研究式、专题式、案例式、情景式等适合线上和线下混合式的教学法，打造高质量的课程内容与课程效果。

5. 教学评价科学性

混合式教学评价体系是系统的、多元、发展过程的评价体系，具有科学性。大数据技术通过数据的挖掘和整理分析，可以帮助教师准确把握学生的学习行为和学习效果。它与传统教学只注重结果评价不同，注重的是过程评价。教师要善于分析大数据，对教学过程中学生的学习实行全方位评价。另外，教师和学生都可以参与到评价中，评价主体更加多元，有利于结果客观公正。

6. 师生关系融洽

传统课堂教学中师生关系是面对面地进行交流互动，关系亲密，但局限于课堂教学的有限时间，教师并不能在有限的时间内关注每一位学生，因此，这种交流仅仅是个别学生间的；网络教学由于师生交流可能不在同一时间点，导致师生关系疏离。混合式教学强调师生，生生间的合作与互动，不仅结合了传统课堂教学的教师课堂讨论点评，而且结合了网络，对有限的课堂时间进行无限的延伸，使教师课后能够继续与学生保持互动，这种融洽的师生关系更利于学生学习积极性的提高。

7. 线上—线下混合

线上—线下混合使线上网络教学与传统课堂教学实现真正的大一统状态，打破线上—线下存在的界限。这是混合式教学之混合的最表层含义。"互联网+"将通过系列应用技术实现有形教学与无形教学混合式的复式教学。线上教学与线下教学是两种截然不同的教学形式，线上教学以互联网、新型技术、媒体为传播媒介，线下教学更加侧重于传统的教学。二者虽然是不同的教学方式，但是其追求的基本目标是一致的，那就是高效地完成教学活动，促进有效教学的发生。混合式教学以教学平台为起点，教师、家长、学生、教学资源等要素均被联结起来。如果线上学习与线下学习过程处于割裂状态，则混合式教学将会流于形式主义，达不到我们所期许的理想状态，会适得其反，增加教师与学生的负担。

二、健美操混合式教学模式设计的原则

（一）目标性原则

高校健美操混合式教学设计需要充分掌握健美操专项课的内涵和精髓，深度解读并剖析健美操课程教学的育人目标以及实现的功能和作用。根据班级学生的学习特征及需求规律，结合当前教学中潜在的不足和显露的短板，通过教学方案优化的方式，力求健美操专项课教学按部就班地统筹推进，促进健美操教学产生高质量的育人效果。

（二）整体性原则

鉴于新时代高校体育教学工作的使命与担当，健美操教学改革应该不断从优化方案设计和组织流程着手，确保学生能够学有所获。一方面，高校健美操专项教师应加强对学情的分析，并以此为依据做好教学目标、教学策略和教学

过程的制定与安排。整体优化原则的本质在于将教学设计视为整体，侧重整体与相关要素的整合。因此混合式教学不仅要从整体的视域出发，还要重视要素之间的协同相关性，以期提升健美操专项课教学的整体效益。

（三）程序性原则

高校健美操混合式教学既要遵循体育教学的基本规律，还要保持个性化的发展特征。因此，在具体教学设计的过程中，健美操教师要牢牢把握健美操专项特点，基于学生的身心以及健美操专项技术技能特点，以期开展更深层的学习和转化。要求教学遵循程序性原则：一方面，基于健美操专项课教学任务，与时俱进地推进健美操线上线下混合式教学；另一方面，选取多元的教学方法进行模式尝试和创新，依托精准的教学评价机制推动教课程保持正轨。

（四）灵活可操作性原则

鉴于当前高校大学生个性化特征十分强烈的特点，实施灵活性混合式教学模式十分必要。面对不同学生的需要，"线上+线下"教学需要达到最合理化。既要考虑教学方案设计的适切性，还要明晰师生关系和角色的动态变化。在此基础上，混合式教学应做到有据可依、切实可行。既要避免形式化和理想化，又不能标新立异急于求成。而是应建立科学、合理的教学体系，在实践中不断修改和充实，特别是学习的过程，旨在循序渐进修正和充实教学方案。①

三、健美操混合式教学模式构建的价值

（一）促进教学观念的转变

传统教学观念主导下的教学模式多以教师教导、学生练习的简单形式为主，不但教学方式单一、枯燥，很难调动学生学习的兴趣，而且内容不够丰富，多是组织一些简单的健美操技能训练而已，无法使学生树立起完整的健美操知识体系，严重限制了健美操的教学潜力。② 应用混合式学习模式能有效改变传统教学观念的影响，将网络教学与课堂教学紧密关联起来，重视学生学习主体地位，在教学设计中更多关注于学生学习需求及学习能力，将各种教学方

---

① 关静红. 数字化时代高校健美操课程混合式教学模式分析［J］. 新体育·运动与科技，2023（12）.

② 周峰. 高校健美操教学的必要性［J］. 体育世界：学术版，2020（3）.

法、教学资源以学生为核心进行有序导入，能使学生对健美操运动得以更全面地理解，使教师的教与学生的学真正发挥其实际意义，为高效教学模式的创设提供重要思想基础。

(二) 推动健美操教学模式的创新变革

信息技术的快速发展和广泛应用，使网络空间变为海量信息和数据集群库，为教育工作带来丰富的资源，以及更为广阔的教学空间。面对新的变化，传统以课堂教学为主的教学模式，已经难以满足当代教学需求，探索全新的教学路径成为教育领域的实践热点。在此背景下，健美操课程引入线上线下混合教学模式，可利用新的教学形态，推动教学理念、方式、手段的变革，达成新时代下健美操教学创新的目标。线上线下混合式教学将网络教学和课堂教学紧密结合起来，充分尊重学生的主体地位，可使体育教育工作者明确自身承担的职能，实现教学理念上的转变。而线上线下配合教学，需要教师加强教学设计，充分挖掘和利用网络资源，以及全新的教学方法和技术，完成知识的有序导入。这种新的要求可促进教师教学方式的创新改变，从以往教师演示学生模仿的简单形式中脱离出来，投入更多精力在线上教学设计，线下教学互动中，促进健美操教学质量的显著提升。而对于学生而言，健美操运动有着难度大、学习基础薄弱、训练时间紧迫等问题，学生普遍对这项运动有着内心的抗拒感。针对这种问题，以网络虚拟空间和丰富资源为依托，分层次的引导学生进行健美操练习，并利用线上互动功能保持与学生的互动，了解学生学习新动态，可逐步帮助学生建立运动习惯，改变学生对健美操错误的认知，提高学生健美操练习的积极性。[1]

(三) 促进学生良好学习习惯养成

信息化教育时代背景下学生需具备良好的信息素养，能从网络资源中搜索到适合自己的教学内容，如拉丁健美操、搏击健美操、器械健美操等不同风格的学习资料，以此促进相关知识体系的扩展，但同时学生也需处理好网络学习与课堂学习的关系。混合式学习模式在其中发挥着重要的作用，通过教师对学生健美操学习基础与学习能力的分析，对课堂教学内容与网络教学内容进行合理规划，确保学生在网络学习中除获得更多健美操发展新动态内容外，也能通过课堂学习不断巩固基础技能，以此形成良好的学习习惯，促进终身体育意识

---

[1] 李风晴，刘江波. 健美操线上线下混合式教学模式研究 [J]. 爱情婚姻家庭，2022 (20).

的养成。

（四）促进课堂内外的有效关联

高校健美操课程一般课时都比较短，每周1次的教学频率很难保证学生教学效果，所以将混合式学习模式融入健美操教学中更有其应用价值，能将课堂教学边界泛化，将课堂教学内容延伸到课外活动参与中，教师通过信息交流平台与学生保持更紧密的关联，能在课堂外为学生健美操练习提供更多指导，推动各种健美操训练技巧、创编要点的学习，也帮助学生及时解决动作不规范等问题，实现教师引导与学生课后自主练习的有效关联，充分利用网络教学资源，将健美操教学代入到学生生活中，不仅能促进教学效果提升，而且还有利于学生终身体育能力和终身体育意识的培养。

（五）激发学生学习兴趣，提升创新思维能力

在新时代背景下，想要有效增强教学效果，教师需要把培养和激发兴趣作为重点内容。爱因斯坦曾说过：兴趣是最好的老师。健美操动作方向多变且复杂，在以往传统教学模式中学生难以掌握；加之传统教学模式枯燥无趣，课堂都是以教师为主体，学生自主学习动力较小，导致教学效果不够理想。而通过线上线下混合式教学模式，可以利用图片、动画、视频、声音等模式，把健美操内容形象生动地呈现给学生，可以有效刺激学生的多种感官，有助于集中学生注意力，还可以促使学生课后自主训练。[1] 同时，这一教学模式包含着很多教学资源，呈现出多样化的特点，有助于开阔学生视野，促进学生个性化学习。此外，教师在教学过程中要培养学生的自学、自创、自编能力，提升学生的创新思维能力。

四、健美操混合式教学模式构建的路径

（一）在课前预习阶段

线上线下混合教学模式，是基于线上网络学习平台与线下课堂教学协同开展的一种新型教学模式，对于提升健美操教学效率、水平和质量，落实"以生为本，因材施教"素质教育理念，突出学生课堂主体地位，提升学生自主学习能力与学习效果等方面具有重要意义。因此，健美操教师应充分利用线上

---

[1] 赵晨，邓艳香. 普通高校健美操课程翻转课堂教学模式研究 [J]. 运动精品，2020（1）.

线下混合教学模式，做好健美操课堂教学与互联网教学两种路径之间的衔接工作，以此来切实提升健美操教学质量与效率，打造高效教学课堂。课前预习阶段是帮助学生提前了解课堂所需要讲解的重点知识内容，根据预习内容展开自主探究式学习，并引导学生通过自主探究学习逐渐形成良好学习能力的重要环节。在这一环节中应用线上线下混合教学模式，主要是利用信息技术手段，将课堂所学要讲解的重点知识内容制作为教学课件，通过线上学习平台，包括QQ群、微信群、超星学习通等等，将制作好的教学课件或相关学习资料发送给学生。并通过该平台发布课前预习任务，引导学生按照教师所提供的教学资料展开自主预习。在这一过程中，教师应引导学生在遇到学习难题时，可尝试利用往昔所学技巧与知识进行解决问题，若超出能力范围的，可通过利用线上平台向教师、同学之间寻求帮助，也可自主通过互联网平台搜索学习资料，以便于顺利完成课前预习任务。同时，为保证课前预习的有效性和针对性，在课程导学与微课视频制作过程中，需要健美操教师针对教学内容、学生基本情况、学生个体差异情况与人才培养目标，制作差异化的课前预习任务，如拓展性、基础性、阶梯形等。有利于确保预习任务符合各能力水平学生学习与发展需求，并获得一定的学习效果。

（二）在课堂教学阶段

在课堂教学阶段应用线上线下混合教学模式，需要健美操教师紧密结合教学实际与学生学情，根据具体教学内容，如有氧健身操、有氧踏板操、弹力带塑形操等等。积极采取讲授法、演示法、游戏室教学法、小组合作学习法、任务驱动教学法等多种教学手段，制定多样化的健美操教学方案、内容与计划，有利于提升课堂教学的吸引力，减轻学生学习压力和痛苦。首先，在教学活动开展前，教师可利用线下课堂对学生在线上自主预习的学习成果进行检测，对学生遇到的难题给予解答和纠正，然后再根据学生线上学习程度，调整本次课堂教学方案，保证课堂教学活动开展的针对性、有效性与合理性。然后，再进行常规的健美操课堂教学环节，可通过导入多样化的教学手段，提升健美操运动课堂教学的吸引力。

（三）在课后复习阶段

在课后复习阶段应用线上线下混合教学模式，首先需要在课堂教学结束后，由教师根据课堂教学实际情况，将课堂教学环节中的精彩之处录制下来，并上传至网络学习平台。引导学生利用计算机、手机、平板等设备，在课下通过线上学习平台观看本节课的学习成果，了解自己在课堂中的具体学习表现，并进行反馈，表达自己对此种教学模式的看法和建议。其次，教师应根据健美操课堂教学内容，根据不同能力水平的学生制定差异化、分层次、梯度递进的课后学习作业，并为学生提供相应学习资料，引导学生根据学习需求自主选择课后作业。并在教师所提供的学习资料指导下，展开高效率的课后作业学习活动。引导学生通过完成课后学习作业，及时改进并提高自身技术动作，进一步掌握更加完整、优美的健美操技术动作，提升学生学习效果。此外，教师还可通过为学生分享一些国内外知名健美操比赛视频、教学视频、学习素材等，来丰富学生知识储备，开阔学生视野，增强学生创新创造能力。

五、健美操混合式教学展望

（一）超前转化教学思维

正所谓思想在前、行动在后。随着国家对于当代大学生体质健康的日益重视，高校健美操课程规划需要不断优化和完善。在数字化时代背景下，健美操教师应该全方位认清混合式的意义和价值，不断突破固有的教学思维模式，与时俱进地更新的健美操教学思想与理念。如何全方位贯彻实施"线上+线下"健美操混合式教学，其中教师起着不可替代的主导作用。一方面，教师需要秉承信息化教学理念，针对现有课程教学学时的制约，有机统筹课堂时间和课后时间；另一方面，健美操老师需要加强课前课件的精心准备，力求课堂教案不断突破，强化课后碎片化考核。

（二）做好健美操师资培训

在互联网数字化时代，对于高校健美操教师来而言，可谓机遇与挑战并存。除了需要在实践教学中加强投入之外，还要与时俱进地学习新的线上教学模式。如何将"线上+线下"混合式健美操教学模式贯彻始终，离不开高校的全力支持与高度重视。首先，高校需要为教师提供更多高质量培养与培训的机会，特别是针对教师信息技术素养的提升模块，对于混合教学模式的开发起着决定性的作用；其次，高校应致力于开展教研活动，为健美操老师们提供多元展示和释放的平台，让教师在创新的成长氛围下不断超越自我；最后，高校应鼓励教师在教学模式重构方面进行突破，除了对课程的内容与结构进行重构之外，还需要教师做好角色的切换，针对学生学习模式的变化，给学生更多提升自生发展的空间，由此提升学生对健美操学习的兴趣和专注力，促进健美操专业更好更快发展。

（三）不断夯实混合教育新平台

高校健美操课堂步入智慧课堂是时代发展的必然趋势，也为健美操教学实践教学改革提供了出路和方向。目前高校智慧课堂建设如火如荼，这是信息化时代孕育的产物，也是"互联网+教育"的必由之路。在混合式新平台教学模式的引领下，一来极大拓展了健美操教师教学思路，二来有效满足了学生个性化的学习需要。通过选择正确的教学内容，为学生传递正确的运动技能和路径，将会引发教育教学的流程再造，由此提高健美操教学的质量。

第六章 健美操教学与信息化手段

健美操是集体操、健身、舞蹈、音乐、娱乐融合为一体的运动项目,非常受广大群众的欢迎。随着信息化的快速发展,健美操逐渐融入学校教学当中,"信息化"教学方法可以提高学生学习健美操的兴趣,能够更好地掌握健美操技术技能,提高学生的审美能力。此外,信息技术的应用巧妙地解决了教学中的难点与重点,从而达到了提升学生学习效率以及运动技能的双重目标。本章主要结合慕课、微课、翻转课堂、智慧课堂,阐述了信息化手段在健美操教学中的应用。

第一节 慕课融入健美操教学

一、慕课解读

(一)慕课的内涵

"慕课"即"MOOC",是"Massive Open Online Courses"(大规模开放式在线课程)的简称。Massive 即"大规模",学习人数众多、学习规模巨大;Open 即"开放共享",免费注册,丰富的学习资源向全国乃至全世界开放,学习者眼界也随之扩展到国外;Online"在线"学习和教学主要通过网络进行,交流与互动都是在网上。在"慕课"模式下,整个课堂教学和学生学习成为完整、系统的在线实现。"慕课"是包含讲授、讨论、作业、评价以及回馈的教学过程,不只是纯粹的教学或者自学,是融合教师讲授、学生学习的整个教学过程。课程中,教师的主电脑连接到学生电脑,方便教师观察学生的学习状况。学生如何学习、学习效果如何都会在线呈现,并获得相关的学习反馈。

作为在线教育的最新形态，"慕课"将社交服务、在线学习、大数据分析和移动互联等理念融于一体，向用户提供大规模的免费在线高等教育服务以及生动的学习体验。"慕课"的巨大优势已经引起政策决策者、投资者以及教育人士的广泛关注，并吸引他们投身于"慕课"建设。现今主要有 Coursera、Udacity、Edx 三大学习平台负责课程的推广。这三家公司提供模块化在线材料，播放简短视频片段，开展互动问答等活动，通过网上论坛让学生展开讨论、进行学习。实际教学在视频授课之外，横跨博客、网站、社会网络等多个平台。大量来自世界著名高校的丰富课程资源，吸引了世界各地的学习者共同在线学习。在各专业教师带领下，在线无障碍、无距离地进行学习。

"慕课"规模具有可伸缩性，没有学习人数的限制，学习人数可以高达上万人甚至更多。课程资源包括全世界最优秀的、最先进的教育资源。师资力量雄厚，教师由世界著名的大学教授担任。所有课程资源都具有开放访问权限的，所有人都可以免费注册进行学习。课程的讲授和学习都是在线进行，对时间和地点的要求很低。

（二）慕课的特征

1. 开放性

慕课的开放性主要体现在慕课平台建设的开放性、课程学习的开放性和学习资源的开放性等方面。慕课的大规模性依赖于慕课平台的建构，慕课刚诞生时，还没有慕课平台，开放性也受到限制，但是随着慕课平台的建立、免费和资源共享理念的建构，慕课的开放性特性得到空前发展。

慕课的出现打破了学校对课程和学习资源的垄断状态，使所有的课程和学习资料变成开放共享状态。首先，课程注册开放。全世界的任何人都可以利用该平台注册学习，无出身、种族、年龄、性别、职业等区别。其次，课程内容开放。只要注册了，就可以选择学习每个平台上的任何内容，并且不再有其他任何限制条件。第三，学习时间开放。学习者可以根据自己的时间安排，什么时候有时间就什么时候学，不再局限于校园内的上课时间，也不再局限于学龄阶段。第四，学习地点开放。学习者不管身处何方，只要有上网终端，就可以在线学习，而不必局限于传统的大学校园和教室。第五，学习评价开放。一般采取智能评价系统或者学习者互评的评价方式考核学生的成绩。

2. 大规模

"大规模"意味着不限制学习者数量，与传统课程有限的学习者不同，一门慕课课程可能有上万人参加。大规模主要是指大量的学习者也可以指大规模的课程活动范围。实践表明，慕课的学习者远超想象，可轻易达几千人，而在未来，参与者还会随着该模式的普及与影响力的扩大而扩大，因此，慕课是巨型课程。

3. 集约性

慕课是网上学习平台，因此可以实现资源共享。在"中国大学慕课"在线学习平台上有很多优秀的教学资源，很多学校会开设某些专业的慕课教学课程，也有很多老师会上传学习资料，因此，一方面各校的老师之间可以互相学习和借鉴，及时发现自己在教学过程中的不足，更新自己的教学资料，从而提高教学质量；另一方面学生也有了更加丰富的学习资料，学生可以不仅仅只局限于本校本专业的学习资源，可以通过慕课其他学校和其他专业的学习资料，从而满足自己各方面的学习需要。

4. 在线性

所谓在线性主要是从慕课的学习方式来说的。与传统的大学课程相比，慕课已经不是面对面的课程，而是将其课程材料散布于互联网上。学生通过互联网这一载体进行查找资料、课前预习、在线视频学习以及在线提问、在线回答问题和在线考评。从某种角度上说，慕课就是一种地地道道的网络课程，缺少了网络，慕课的大规模性、开放性以及资源共享性是很难实现的。

首先，慕课的学习是通过网络视频在线的形式来实现的。慕课的课程形式一般采用"翻转课堂"来进行，课堂内外的学习都离不开网络；其次，慕课的课堂讨论以及问题的提问和答疑也可以通过在线网络的形式来进行；再次，学生考试和成绩评定也可以通过网络来进行；最后，通过网络在线学习还可以实现知识和技能的创生。

5. 精品化

慕课一般选取的是较为典型的课程和教学内容，将学科中难度大、不易理解和具有特色的内容进行精心制作和反复设计完善，使课程内容精品化。并且，慕课集结了国内知名名校的精品课教学内容。国内的名校例如北京大学、清华大学、浙江大学等精品课程也屡见不鲜。

6. 资源共享性

所谓资源共享性就是慕课所提供的学习资源是免费的，并且是不设条件地向所有参与者开放。免费共享是慕课区别于以往开放教育的本质特征之一。慕课的资源共享性应该是同大规模性、开放性、在线性相并列的一项重要特征，这种特征主要体现在以下三个方面。

首先，免费注册参与课程学习。秉承共享的理念，教育者和慕课平台的建设者以及网络企业家们一开始就达成了免费参与的共识，免费参与慕课学习，是慕课大规模开展的保证，也是慕课迅速在全球兴起的内在动力。

其次，合作、共建、共享的慕课建设模式。为了使更多的慕课资源做到共享，各学校必须加盟或联合建构慕课平台，发布自己的课程，参与到慕课建设中去，在共享的同时也奉献出自己的课程与别人共享。慕课共建、共享的这一特征，正使得越来越多的大学加到慕课运动中，打破校际壁垒，参与到全球共享课程资源的开发和建设中去。

最后，慕课资源知识产权的共享机制。慕课的开发制作以及在网上发布，都牵涉到知识产权问题，慕课资源真正做到事实上共享还需要解决与法律接轨问题。所以，大范围慕课应用成败的关键，在于能否在知识产权安排上坚持一种行之有效的开放共享精神与实践。

7. 互动性

不同于网上其他的视频教学和远程教学，慕课能是一个虚拟的网上学习课堂，能够进行师生之间的互动和学生之间的交流，从而让学生具有更加真实的上课学习体验，也能将学习中的问题及时向教师反馈，同时教师也能及时对自己的慕课教学进行调整。学生还能在慕课平台上进行广泛的讨论，这给来自不同学校、不同专业、不同身份，甚至是不同国家的学生提供了交流沟通的可能，在很大程度上调动了学生的积极性，也增加了慕课学习的趣味性。同时，学生还能通过完成慕课作业来对自己的学习效果进行检验。

二、慕课融入健美操教学的可行性

1. 信息科技的发展是健美操慕课建设的技术基础

随着现代化信息技术的发展，慕课的建设技术不断成熟，各类慕课平台越来越多，并日臻完善，使学生进行在线学习成为可能。另外，学生仅需一部智能手机、一台电脑，在有网络的条件下就能进行学习。移动终端和网络的发展为健美操慕课的建设提供了硬件保障。

2. 高校对慕课的支持为慕课的建设提供了政策支持

随着教育信息化意识的不断提高，我国很多高校都非常重视慕课的建设，和国内较大的慕课设计平台合作，对教师进行培训，并指导教师进行慕课建设和维护，对于制作慕课的团队更是予以人力、物力和财力的支持，这种导向极大地激发了教师进行教学改革的积极性。

3. 高校健美操教师的信息化水平不断提高为慕课建设提供了师资保障

随着慕课的兴起，目前很多高校都建立了不同科目的慕课建设团队，健美操课程也不例外。很多年轻教师对新型的信息技术非常感兴趣，接受新知识非常快，他们通过培训、自学进行课程建设，或与计算机学院的教师合作开发和维护慕课，为课程的正常运行提供了师资保障。

4. 学生对健美操项目的青睐和对信息技术的依赖为健美操慕课提供了群众基础

健美操项目具有强烈的节奏，音乐振奋，学生在练习的过程中不仅能够看到自身动作姿态的变化和身材的改观，还能拥有愉悦的心理体验，因此，健美操在高校公共体育基础课中有着较为雄厚的群众基础。另外，根据目前学生更喜欢从网络获取信息的现状，健美操慕课的设计可谓抓住了学生的心理，激发了学生利用现代技术学习体育知识的积极性，一旦学生对运动产生了浓厚的兴趣，就能带动他们放下电子产品自觉参与到体育锻炼中，使锻炼成为习惯。

三、慕课融入健美操教学的价值

（一）有利于实现健美操教学的信息化改革

以教育信息化带动课程教育发展作为教育部门对课程教育改革提出的新要求。教育信息化，简单地说是在学科教育过程中巧用现代信息技术，研发与丰富教育资源，优化教育过程，以此促进课程教育的全面发展。教育信息化作为高校教育改革的发展方向，教师应提高对此的重视。在实际开展健美操教学活动时，以强化学生体质为目标，有意识培养学生的学习兴趣，促进学生身心健康发展，提升其适应能力，从而实现预设的教育任务。在健美操课程教育中引入慕课教育，凭借智能化、信息化、科学化等优势，收集大量与之相关的知识，要求学生利用课余时间学习，不仅能开阔学生的学习视野，还能满足学科教育与时俱进的教育要求。为了充分发挥慕课教学的作用，教师需要利用好师生互动，广泛收集学生的意见，不断优化教育方案，提升健美操教学的质量。

（二）有利于激发学生的主观学习意识

在慕课教学中，教学内容存在既定性的特征，即慕课体系中教师难以结合学生的实际学习表现情况对教学活动加以调整，突出教学重点，所以为了能促进慕课优势的发挥，教师要注意对学生的主观意识加以培养，即要引导学生在健美操学习的过程中正确认识自己和定位自己，合理选择合适的慕课内容，并在学习过程中主动思考和研究，将教学内容与自身学习实际情况有机结合在一起，促进慕课教学作用的发挥。[①]

---

① 吴宾，姚蕾，周龙. 多元一体："互联网+"时代体育慕课的价值取向［J］. 体育文化导刊，2018（03）.

(三）有利于丰富健美操课的教学内容

健美操项目是一个不断发展和完善的项目。随着健美操项目的发展，其理论体系、种类、训练方法等愈来愈丰富。在任何一个高校的健美操教学中都不可能将健美操的最新发展讯息及时、全面地传达给学生。而慕课的引入恰恰提供了这样的便利。慕课的制作原则是为学生提供高质量、多元化、大规模的优质课程。每个教学视频的长度在 10~15 分钟之间，这非常适合健美操技术动作和成套动作的教学。丰富多样化的视频及文字资料的推送，不仅便于学生及时了解健美操运动的发展态势，更有利于指导学生的课余锻炼的方向和运动鉴赏能力的提高。

(四）有利于扩大健美操课程的受众性

慕课的开发与制作具有模式化的特点，一门好的健美操慕课一旦建设完毕，学生可以免费注册学习，不受时间和场地的限制，只要在网络环境下，学生不分年龄、年级、专业均可根据自己的兴趣和时间进行或理论或技术动作或专项素质的学习和锻炼，打破了传统健美操课的时空限制、师资限制和班额限制，使学生随时随地可以享受到优质教育资源的服务，推动了教育的公平发展。

(五）有利于培养学生自主锻炼的兴趣与能力

自主性作为慕课教育较为突出的特点，因为慕课是在没有教师管教的情况下实施的，学生依据自己的需求合理编排课程教育内容，从根本上打破了应试教育的束缚，充分彰显学生的主体地位。慕课将学习的主导权交给学生，在此种环境下，学生往往会更乐于学习，不但符合新课改提出的教育要求，而且有助于培养学生自学能力与控制能力，这也是慕课教育与传统教育模式间最大的区别。

(六）有利于促进健美操课程评价体系的构建

慕课作为传统课堂教学的延伸与补充，能为学生带来更多学习材料和更为专业化的动作指导。学生在锻炼过程中，在网络上畅所欲言，提出问题或解答他人的疑惑，上传自己锻炼的短视频，为学生展示学习成果提供了优质平台。同时，学生还能借助平台上交作业，或是参与测评等。教师可以将学生的这些学习表现纳入考评体系中，使健美操课程教育评价机制更加全面。

四、慕课融入健美操教学的原则

在健美操慕课教学平台的构建过程中，必须坚决贯彻以教师为主导的教学理念，突出学生的主体地位，并加强师生之间的互动交流。

（一）适用性原则

在众多健美操运动项目中选择广大学生喜爱的体育项目，确定慕课教学内容，在尊重学生个体差异的情况下，合理设计教学方案。在知识点的选择上要兼顾灵活性和系统性，以满足学生的不同需求。根据学生学习的兴奋点和注意力，建议健美操慕课的视频设计时间维持在 12 分钟左右为宜，以保证教学效果的最大化。[1]

（二）共同建设原则

高校要构建健美操慕课教学内容，就需要广大教师和学生的共同参与，教师和学生应通力合作，寻找学生感兴趣的教学资源。在制作过程中，体育和计算机教师应加强技术合作，通过参考学生意见，结合教学实践，对慕课资料进行优化整合，从而开发出符合学生发展特点的健美操慕课教学课程。[2] 高校之间也应该根据各自的资金、技术和资源优势，合作开发慕课教学内容。

（三）高效互动原则

作为一种在线课程，健美操慕课设计的对象是学生，所以在设计时，应充分考虑教学过程中教师和学生之间互动的高效便捷性，要能够让教师和学生随时随地讲授和学习，在师生互动过程中，可以通过手机、电脑等电子产品，选择大家普遍熟悉并喜欢的如 QQ、微信等社交软件或平台，进行即时交流互动，以增强整体教学效果。

（四）资源共享原则

慕课在线平台的共享优势能够实现高校优质健美操教育资源的高效利用。高校在建立共享平台时，应该认真做好慕课资源的筛选和管理，将不同学校中

---

[1] 刘建中. 高校篮球课程慕课平台体系建设与应用 [J]. 南阳师范学院学报，2018，17（3）.
[2] 郭丹丹. 居于慕课视域下高校健美操教学改革的思考 [J]. 运动，2018（8）.

最有特色的健美操课程资源上传到慕课教学平台。① 师生共同选择喜欢的健美操教学项目，不仅能够提高学生学习的积极性，而且可以强化课程教学效果。

（五）多元化评价原则

健美操慕课的设计必须有评价测试环节，包括学生和教师评价，以准确把握教学效果，设计测试内容应具有可操作性，包含过程性评价和终结性评价，健美操测试题目可以是图片类、文字判断类或视频观察类。评价内容应包括期末技能测试、素质测试、平时考核，还有线上作业、技术动作分析、理论专题、小组讨论、在线时长、单元测试等考核指标，以保证教学评价的多元化。

五、慕课融入健美操教学的策略

（一）提升教学吸引力

基于慕课视域下的高校健美操教育，能借助视频、影像、声音、文字符号等，在挣脱时间与空间局限的前提下，为学生构建一个较为开放、真实的学习环境。此外，在学习场所与时间上，学生能自主选择，不必再受时间与空间因素的影响，这一点对学生来说具有较强的吸引力。从实践效果上来看，慕课传统授课模式不同，其能将健美操动作教学转换成风趣幽默的动作训练活动，学生利用网络查找视频，分享学习心得，不仅发展了学习能力，提升了课程教育的有效性，还激发了学生健美操兴趣。

以健美操基本步伐单并步、双并步、交叉步、开合跳为例，要求学生课下观看视频，在课堂中由教师做动作示范，随后邀请学生分解动作展示预习成果。教师针对学生的表现纠正他们存在的错误，先教腿部动作，后教手部动作，要求学生分解练习。借助慕课预习新知识，结合课堂动作训练，学生不仅掌握了健美操动作要领，还提升了学习信心。

（二）攻克教学难点

健美操是由一整套动作组合而成的，对于发展学生的协调性、耐力性、和灵敏性等各项素质有重要的作用。部分动作难度系数大，加之动作间衔接较为紧凑，仅借助教师语言解析是远远不够的，需要教师对重难点动作进行重复讲解，并亲自示范动作要领。而慕课的出现，则能为教师解决此问题提供捷径。

---

① 武丽媛. 慕课视角下高职院校健美操课程区域资源的共享及优化研究 [J]. 当代体育科技，2017，7（34）.

为了提升自我执教能力，购置先进的教育设备，解决现存问题。在正式教学前，教师应该广泛收集慕课资源，要求学生自主观看慕课视频，针对重点知识展开细致解析，并适当提出一些问题，让学生带着兴趣和问题进行练习。

例如，健美操中有一些较为抽象的动作，教师可以利用教学视频的形式对动作要领进行分解讲解，学生可以依据练习遇到的问题，反复观看视频，或是借助在线平台与教师同学进行学习交流，不仅能缩短师生之间的距离，还能加深学习印象，有助于提升学生的认知能力。

（三）构建交互性课堂

众所周知，传统教育模式早已无法满足教育需求，高校教师应正视这一问题，针对现存教育问题整改教育方案。而慕课，作为一种在线教育平台，学生能在观看视频的过程中，针对视频中某动作或理论知识展开热烈的讨论，为教师构建交互性课堂奠定了扎实的基础。此外，教师需要针对学生的学习表现，不断调整慕课教育资源，积极与学生沟通，从而提升教学的实效性。

（四）加强对慕课教学课程内容的改革

从目前来看，高校健美操教学内容依然以健美操动作示范为主要内容。为了能够更好地让慕课教学对健美操课程起到促进作用，必须要根据大学生和教师的实际情况进行重新设计。针对健美操教学的大纲和教材内容进行改革，不仅需要为大学生提供动作示范，更需要针对大学生传授健美操课程的理论知识和预防运动损伤的相关内容。此外，还应针对学校场地、器材等具体的教学资源进行优化与分析，保证健美操教材的内容更加的实用、规范，同时还要兼具娱乐性的特征。

例如，在健美操教学的过程中，通过将动作进行完整的示范，让学生进行模仿，然后再连贯地做动作。但是许多学生分解动作做得很好，连贯动作却存在跟不上音乐节奏、动作不规范的问题。主要原因在于许多学生对动作的记忆不规范。还有的学生在集体练习的过程中能够完成动作，但是单独表演时就会出现忘记动作、跟不上节奏的问题。而通过慕课教学的方式，可以让学生针对自己不熟练的动作反复地观看演示视频，在不断练习的过程中加深对健美操动作的理解。通过这样的方式能够提高学生对健美操的兴趣。另外，学生还可以通过在课余时间搜集健美操相关知识，并且与其他同学进行全面的分析，以在短时间内提高自己的学习水平。通过在课堂上与教师沟通不理解的内容，针对相关的动作技术进行全面的分析，提高自主学习能力，使让大学生在练习健美操的过程中也能够养成良好的学习习惯，促进终身体育的学习。加强大学生身体素质的锻炼。

(五) 加强任课教师的参与力度

在慕课课程设计的过程中，健美操教师积极参与到课程信息制作的过程中，能够有效强化与大学生的在线沟通能力。及时了解大学生在健美操学习过程中存在的问题和疑点，并且结合自身多年的一线教育经验，针对慕课课程学习进行优化与整合，开发出具有学校特色的健美操在线慕课教学课程。同时要针对优秀的慕课课程给予精神和物质上的奖励，打造精品课程，提高学校健美操教育工作效果。慕课教学的方式可以强化大学生对自我的认知，增强大学生对课堂教学的学习和思考。教师则应帮助大学生认识理论知识与技能之间的内在联系，对大学生存在的问题进行积极的帮助。通过这样的方式，使大学生成为课堂的主体。

(六) 积极探索先进的教学方法

积极打造包括翻转课堂在内的课堂学习互动新模式。通过对任课教师的引导与讲解，利用大学生课余时间进行线上学习和复习，并且在课堂上让大学生进行沟通与交流，提高课堂教学的效率。随着互联网技术的快速发展，移动互联网、物联网、云计算和大数据等技术越来越先进，给传统的教育事业也带来了很大程度的转变。例如，通过"互联网+"教育平台对传统课堂的补充与升级，有效强化传统课堂的互动功能，增强大学生主动学习的积极性。所谓的翻转课堂就是将传统课堂上教学内容放在家里完成，而把传统的家庭作业放到学校来做。通过在课余时间学习思考在课堂上练习的学习方式，可以增强大学生的学习效率。一方面，信息计算机技术是实现课堂翻转的重要方式，让大学生之间有更多的交流与沟通的机会，并且将自己所掌握的新知识和新方法与同学之间进行分享和讨论。另一方面，通过在高校健美操慕课中运用翻转课堂的教学方式，可以帮助大学生强化自己的学习动机，更好地帮助大学生树立正确的学习理念。翻转课堂还可以帮助大学生自由的选择学习时间，提高学习的个性化效果。同时翻转课堂还可以利用微课视频进行教学，丰富课堂教学的内容，提高大学生主动学习的效率。通过在课堂上解答大学生的疑问，可以巩固大学生的所学知识，提高大学生的学习效果。教师不必花费大量的时间讲解理论知识，而是将理论知识融入技能学习的过程中，通过边练边学的方法，牢牢掌握知识。翻转课堂的应用可以增强大学生的学习能力，所以翻转课堂的教学模式深受广大师生的喜欢。

第二节 基于微课的健美操教学

一、微课解读

(一) 微课的内涵

"微课"全称"微型视频课程",即按照课程标准及教学实践要求,用5至10分钟的教学视频来呈现,围绕某一学科知识点(重点、难点、考点)或者例题习题、疑难问题、实验操作等进行完整设计与制作的,能满足个性化学习差异的一种生长型网络教学资源。

微课是伴随教育信息化发展到Web2.0时代而出现的一种全新的资源类型与课程表现形式。与微博、微信、微电影、微小说、微杂志等有着共同或相似的"微"特性,微课的出现给传统教学模式带来了一种新的体验和尝试,也是基础教育数字化教学改革的一大试验。它不只是多元化教学资源的组合再生,也是辅助性教学工具,能够辅助课前学习和课后巩固、延伸。从其运用前景上来说,微课是对传统课堂的"精微性"创新,不仅可以促进课堂的有效开展,更能开发教师与学生的潜能,促进课后的自我探索与进步,实现全面素质教育的目标。从微课所传递的教学理念来看,它是一场学习方式的变革。教师不再是主导者和指挥者,学生在自发、自觉学习微课的过程中发现问题、掌握知识,并在与同伴、老师的探讨和合作学习之中提升自主解决问题的能力。课堂的中心地位或由课前微视频的预习和课后微视频的巩固得以完善。学习不再局限于教室、书本,多样的移动终端设备(如手机、电脑等)使得学习随时随地都能发生。可以说,微课最大的优点就在于能够把复杂的教学内容制作成可融合于课堂、可移动的服务于开放教育和终身教育的视频单元。

(二) 微课的特点

1. 弹性便捷

微课在时间安排上有其明显的优势,即微视频的时间比较短,一般在5~8分钟,最长时也不应超过10分钟。学习者学习的时间相比于以前,是非常短的。微课资源的容量不会超过百兆,易于存储、便于携带,这使微型学习成为可能。因此,学习者在完成微课的学习时所花费的时间和精力不会太大,这样更有利于学习者弹性安排个人时间，非常便捷，并更加人性化。

2. 资源丰富

微课以微视频的形式将知识展现出来。微视频的制作灵活、多样，可以用录屏软件加 PPT 制作，也可以用手机等摄像设备制作。用录屏软件加 PPT 制作微课，可以整合多方资源，如可以借助 PPT 设计动画，也可以插入图片、视频等，以更加生动的形式呈现知识点。除此之外，还可以充分利用网络上优秀的 PPT 设计、动画设计、模拟实验等多种资源，优化微课质量。可以用手机等摄像设备录制实验过程，制成微课，使学习情境真实具体，使复杂的过程变得易于掌握。在这种真实的、具体的、典型案例化的教与学情境中，学生易于实现对"隐性知识"（默会知识）的学习，提高学业水平；教师易于实现教学观念、技能、风格的模仿、迁移和提升，从而迅速提升教师的课堂教学水平，促进教师的专业成长。就学校教育而言，微课不仅成为教师和学生的重要教育资源，而且也构成了学校教育教学模式改革的基础。

3. 主题明确

微课的作用主要是解决传统课堂教学中所出现的问题，比如，知识点复杂多样，重、难点层次不清，教学目标多样，等等。在微课的制作过程中，制作者都是围绕教学内容中最重要的知识点或教学中关键的环节而进行设计的，与传统的课堂教学相比，教学内容更加精简，教学目标更加明确，教学主题更加突出，这是微课教学最重要的特点。明确主题选取的教学内容非常具有代表性，只有真正突出教学主题，才能使整个教学真正吸引学生的注意力，让学生更加容易地理解与学习新知识。

4. 多元真实

多元主要是指微课资源的多样化，它不仅有微视频，而且还有微教案、微课件、微点评、微练习等其他形式的资源。相对于传统的课堂教学视频而言，微课资源的多样化使得整个教学更加丰富多彩。在利用丰富的微课资源时，学生和教师将同时从中受益，一方面，学生可以利用微视频进行学习，并以微练习的形式进行相应的复习巩固，以微反馈的形式进行综合评价，从而使自己的思维能力得到进一步提高。另一方面，教师利用微课资源能够实现教学观念、技能等方面的提升，进而提高课堂教学效率，促进专业发展。

真实主要是指微课现场情境的真实性。微课的设计都会具体到一个真实的而不是虚假的场景之中，进而形成一个与具体的教学内容有机结合的微课堂。这种真实性的场景与现实生活紧密结合。

5. 课程之间相对独立

微课的课程单元是根据学校的课程标准、教学要求、学生的兴趣、教师的能力等来决定的，是来自教学中的某一个具体知识点，并不像长期课程单元那样，具有严格的逻辑性和系统性，微课各单元之间都是相互独立的，具有知识上的层次性，没有直接的联系。对于同一个知识点，微课设计者的能力和思维方式是不同的，每个人都可以充分利用自己的特长设计和开发微课，具有开放性和自主性，微课之间的相互独立性既可以让学习者节省学习时间和精力，也可以让学生根据自己的需求有针对性地进行学习。

6. 共享交流

共享是网络资源的核心理念。就微课目前的发展来讲，其不仅具有网络资源丰富、交往、便捷、互动等优势，而且打破了时空上的限制，实现了教学资源的共享。除此之外，微课还为学习者提供了一个网络学习与信息交流的平台，教师在微课教学后会把微视频上传到信息技术资源管理中心的网站上，供同行借鉴学习，还可以充分利用同行的经验不断挖掘自身发展的潜力，加强交流与沟通、分析评价、强化教学反思。实际上，这就是我们现在所提倡的教师学习共同体的一个方面，它由教师群体所构成，以网络式的虚拟场景为基础，以便教师进行交流与学习，从而实现教师个体的专业发展。

二、微课在健美操教学中应用的必要性

（一）适合大学生思维发展特征

在学校教育体系中，高校教育处于最高层次，而这个层次中的学习人员同时处于逐步从学校走向社会的一个过渡阶段，这也就意味着大学生本身的学习活动除了带有学校教育学习方式的特征之外，还带有除学校教育之外的一般成人学习特征。大学生在入学学习之后，往往在认知能力方面发展较为成熟，并且对于自己所选择的专业、课程的重要性也有了全面的认知，同时在学习过程中对于教师的依赖性逐步降低，会根据自己的学习目的主动安排自己的学习计划。通过使用微课，教师可以更好地帮助学生在观看视频的同时，在脑海中形成有关健美操各种运动技巧的想象，有助于学生将之转化为自身的运动技巧实践。

（二）适应课程多样化的教学要求

对于现今的高校体育教学来说，在教学深入改革推进的影响下，体育教学除了需要进一步强化学生身体素质之外，还更需要有效推进素质教育，帮助学生培养出终身锻炼的体育意识和习惯。在这种背景下，健美操课程的教学目标和要求也都会出现一定程度的变化，传统的健美操课堂教学环境中，主要是以理论知识讲解、教师示范、体育运动技巧的完整和分解教学以及训练的方式进行，并且也可以根据健美操运动内容的差异使用不同的教学方式。但如果从教育改革工作之后的教学目标来看，在健美操教学过程中，对于教师的教学方法要求也逐渐提高。通过在健美操课堂教学过程中使用微课，教师可以针对健美操运动过程中的基本步伐以及各类成套运动技巧进行详细化讲解，从而确保学生在经历过课堂学习环节之后，针对自己所存在的不足进行查漏补缺，进而做到整体提高学生群体的健美操运动技巧水平。

（三）适应教育信息化发展要求

当前，在今我国教育领域信息化发展的过程中，学生学习自身的便捷和灵活性也出现了显著的提升，而教育信息化的快速发展也从教育的形式和学习两个层面对于传统的教育活动造成了巨大的冲击。而在我国信息技术快速发展的影响下，信息、网络技术在教育领域内的广泛运用是我国教育领域信息化的必经之路。相关部门出台的各种文件也明确表示，除了需要在网络学习空间和公共服务平台建设方面给予教育信息化发展支持之外，教师使用信息技术进行授课的能力也需要得到显著的提高，而通过微课在健美操教学优化过程中的应用，可以帮助教师在全面明确自身信息技术授课能力不足的前提下，做出针对性的弥补，以便更好地发挥微课在健美操教学过程中的作用。

三、微课在健美操教学中应用的价值

（一）有利于激发学生对健美操学习的兴趣

传统的体育健美操教学模式，多是以教师为主导以应试为目的的训练式教学，教师以健美操教学大纲的教学内容为指导开展动作练习和反复训练，教学形式比较单一，训练的任务较重，难度较大，给学生造成了较大的压力，导致了学生学习兴趣的缺失。微课在健美操教学中的应用，丰富了教师的教学方法，教师可以通过微课录制教学视频，将健美操教学的动作进行分解，便于学生反复观看，同时还可以用于课程导入、成果展示，这样新颖的教学手段，将丰富多彩的教学内容融入了健美操教学中，学生的兴趣被大大激发，使他们在体育教学中发现了乐趣，进而提升了健美操教学效果。

（二）有利于辅助健美操教学工作的开展

将微课应用于健美操教学中，可以为教师提供更加丰富的教学资源、更加多样的教学方法。教师既可以结合教学内容录制教学视频，也可以在丰富的网络资源中筛选适宜的教学素材，利用微课实现在线教学、风采展示、课程导入、讲解动作要领等；学生也可以通过互联网、移动终端等设备随时进行学习，教师的教学效率得到提升，工作压力得到缓解，良好的教学效果得以实现。

(三) 有利于培养学生的终身体育意识

健美操教学的开展不但要满足教育部门的要求，更要帮助学生在生活中养成终身体育的意识和习惯，将健美操这项运动渗透到学生的生活中，帮助学生通过练习健美操充满节奏和韵律的音乐动作增强体质、促进身心发育。而借助微课教学打破了健美操教学只能在体育课堂开展的局限性，为学生提供了丰富的接触这项运动和相关资讯的机会，这就实现了在潜移默化中培养学生体育意识和习惯的目的，强化了体育训练在学生生活中的普及与渗透。

四、微课在健美操教学中运用的原则

在健美操教学过程中，使用微课的时候需要注意如下几个基本原则。

第一，时间合理原则。从心理学的研究成果和脑思维的理念出发，微课的时间最好不要超过10分钟，这也就意味着教师需要在严格把控视频时长的前提下，做到突出教学重点的同时，维持视频的简洁清晰，从而确保学生可以在注意力高度集中的前提下最大化达成健美操教学目标。

第二，知识点细化原则。微课的微从某个层面上来说也体现在知识点的微小上。简单来说，就是知识点需要进行细化，一般而言，微课视频中的知识点包含数量不宜超过三个，并且在知识点的选择方面也要考虑学生的实际学习水平。教师应在经过反复的加工和提炼之后，确保学生可以在最短的时间内获取到最为精良的学习内容。

第三，以学生为中心的原则。在健美操教学中使用微课的时候，需要进一步遵循学生作为学习主体的原则，这也就意味着微课内容的选择需要全面契合学生的实际学习特点和学习需求，从而真正意义上选择具有代表性的健美操教学内容，更好地帮助学生提升自身学习能力以及健美操运动能力。

第四，内容精准性原则。微课本身作为一种教学资源也是传统健美操课堂教学环节的一个有效补充，教师在讲解有关知识点的过程中，需要注重自身语言表达的精准性，并且其他在视频中出现的图片、声音和录像等教学资源也需要进行慎重选择，并经过多方考证之后确定其正确性，方可将之应用到微课视频中。

五、微课在健美操教学中运用的策略

（一）提升教师人员专业素养

微课在健美操教学中的应用需要注重提升教师的专业素养，保证教学的顺利实施。首先，教师要从学生身心发展的实际情况出发，注重提升自身的教学能力，要与学生进行适当的沟通与交流。教师在录制微课视频的过程中，可以用语言或动作的形式引导学生回应，此环节需要教师具备较强的微课教学能力，能够掌握好教学的切入点。其次，教师要活用微课教学资源，教师在录制健美操视频的过程中，要保证录制镜头的全方位性，并引导学生仔细观察视频中的各个动作，掌握健美操动作要领，留给学生充足的模仿时间，教师在此环节中对学生模仿过程中的动作进行指导，可以实时地掌握学生的学习状态，这些都要求教师具备较强的教学分析及处理能力。最后，在开展微课教学的过程中，教师要控制好微课教学时间，指导学生能够在较短的时间内掌握健美操教学的重难点。经验不足的教师可以向经验丰富的教师请教，并针对自身在教学环节中存在的不足进行纠正，有助于提升健美操教学质量。在课下，可以利用手机网络上优秀的微课教学资源，取其精华，去其糟粕，将其教学精华应用在自身的教学环节中。

（二）注重优化微课教学步骤

在健美操教学环节中应用微课开展教学时要注重优化微课教学步骤，并在实际的教学环节中严格按照课堂导入、重点与难点知识讲解、反复对照训练的流程进行教学。首先，在课堂导入的环节中，为了提升教学效果，激发学生的学习兴趣，教师可以将在课下录制好的微课视频展示给学生，并将该节课健美操教学知识框架进行梳理，引导学生大致感受健美操的动作要领，通过提问的方式对学生观看视频的效果进行检验。其次，在重点及难点知识点讲解的过程中，教师要与教材的内容进行结合，要求学生继续观看视频。当讲解到关键动作要领时，可适当暂停，针对学生难以理解的地方进行反复观看，如播放到髋部动作时，则需要将视频暂停，要求学生模仿该动作。借助微课教学的形式可以减轻教师的教学压力，将教学的重点放在关键知识的讲解以及引导上。最后，注重反复对照训练。以顶髋动作为例，学生在理解该动作时存在一定的难度，教师可以在此环节中引导学生边看视频边练习，跟随视频练习，将一只腿伸直，另一只腿保持屈膝内扣的姿势，使之上身保持挺直状态，此时跟随视频的动作将髋顶出。教师可以与学生一同练习，以此加深学生的理解。

(三)融合多元化视频教学

既可以双向模式展开教学，也可以多元化教学方式，教师可以通过网络在线与其他教师进行学习交流，而学生也可以通过视频教学课程自主练习健美操，教师的讲授内容也不局限在线下的课程教材和教案，结合了微课的线上教学方式之后教师在准备课程教案的时候完全可以发挥自身的才能去按照自己的教学方式进行设计整个视频教学，在提升了自己的专业知识的同时也提升自己的教学质量。通过多元化视频教学，让学生们感受到健美操课程的与众不同和独特的魅力所在。

(四)注意选择合适的音乐

健美操是在音乐的伴奏下进行的，而音乐的情感是通过舞蹈动作而表现出来的，一者为另一者之形，一者为另一者之声。在教学中选择合适的音乐应首先思考整体想要呈现一个怎样效果的舞蹈，不同的方向选择音乐的类别和风格不同，这对健美操的动作表现和连贯环节都有着很大的影响。在挑选音乐的时候，要注意音乐的鼓点是否能跟舞蹈动作进行匹配，音乐的每一个节点和舞蹈动作都是息息相关的，这样匹配度也很强。选择合适的音乐，不仅可以让学生找准自己的节奏和位置，还能使学生减轻压力，能更好地学习健美操。

(五)创新微课教学方式

在健美操教学环节中要注重创新微课教学方式，并在实际教学环节中遵循因材施教的基本原则，针对学生身心发展的实际特点有针对性地进行教学。传统健美操教学，教学模式单一，学校在课程的设置上未充分认识到健美操教学的重要性，不利于促进学生的身心健康发展。因此，创新微课教学方式，首先，教师要科学看待微课与课堂教学的关系，引导学生进行微课学习的过程中要与课堂教学有效衔接，注重与学生进行面对面的互动，使之符合学生的实际需要，让学生真切地感受教师在与其一同学习，有助于集中学生的注意力，积极投入教学环节中。其次，由于不同学生的认识水平存在差异性，且健美操教学的实践性较强，部分学生自身的体质较弱，对健美操相关的动作要领在观看了视频以及教师讲解之后仍然存在困惑，此时教师则需要有针对性地对该类学生进行训练，可以先从基础的动作进行，将微课中的基础动作进行再一次的讲解。最后，在微课教学过程中，要保证健美操教学题材的新颖性，可以适当地在微课视频中增设动画的形式提升课堂教学的趣味性，有助于提升健美操教学的有效性，保证后续教学的顺利实施。

（六）从学生的学习兴趣出发

在健美操教学过程中应用微课要以学生的学习兴趣为出发点，要善用微课、活用微课，引导学生全身心地投入教学环节中。

（1）在微课教学环节中，为了调动学生的学习兴趣，教师可以在微课视频中适当地添加健美操运动员的比赛视频，并将该运动员的比赛动作以及所获得的成就向学生简单地讲解，并要求学生在健美操练习的过程中养成良好的行为习惯，丰富自身的知识储备。

（2）教师可以通过竞赛的方式进行教学。在教学准备阶段，将学生划分成不同的小组，并将健美操视频动作向学生展示。在播放视频时，由小组成员进行表演，看看哪个小组成员的动作最标准，并由其他成员进行补充，针对表现优秀的小组给予一定的奖励，激发学生的学习兴趣。

（3）学校相关部门可以为学生创设良好的教学实践平台，教师引导学生将微课教学的健美操理论知识应用在实际训练过程中，并由教师进行指导，通过合作探究的形式进行教学。在此环节中，为了激发学生的学习兴趣，可以采用相互模仿的方式进行训练，教师将学生分成2排站好，将每个学生用挡板隔离，此时第一个学生观看视频中的动作，并将视频暂停，将隔板移开，向第二个学生模仿自己所看到的视频动作，此时由第二个学生向第三个学生模仿，以此类推，由最后的学生展示出具体的健美操动作，借助趣味性教学的方式调动学生的学习积极性。

第三节　智慧课堂助力健美操教学

一、智慧课堂解读

（一）智慧课堂的内涵

智慧课堂是运用现代信息技术，在提高学生学习能力的同时，培养学生的品格，提高学生的综合素质的教学课堂。在教学理念方面，智慧课堂坚持以学生为主体，结合学生的学习特点设立相应的教学情境，让学生在自主探究和实践中学习知识，全面提高学生对知识的运用能力。在教学手段方面，智慧课堂依托丰富的网络资源，结合多媒体技术，运用微课、慕课、翻转课堂等教学方法激发学生的学习积极性，增强学生的自主学习意识，促进学生的全面发展。

智慧课堂是在云计算、大数据等技术和各种智能终端设备的支持下，综合运用智慧学习环境中可用的一切教学资源，实现教师的智教、学习者的智学，不仅习得知识，为创新和智慧发展打牢基础，还能启迪智慧，培养品行优良的创新型人才。在智慧教育理念下，以学习者为中心，满足学习者个性化需求为先，支持教师和学习者多元发展。教师和学习者在智慧学习环境中，在各种教学策略下，构建生态化的智慧课堂。在此过程中，教师、学习者和技术形成生态化的智慧课堂。教师的教学智慧与技术共同帮助学习者生成学习智慧。

智慧课堂具有丰富的知识库，为学习者的多元化发展、个性化发展提供充足的认知土壤，根据学生不同的学习情况、学习兴趣，结合不同的学习特征，智慧课堂在数字画像、知识图谱等技术的帮助下可以更懂学习者的需求，为其推荐更符合其需求的学习资料，利用丰富的软件、硬件工具帮助学习者生成智慧。学习者的主动学习在智慧课堂中尤为重要，学习者能自己引领学习，成为学习的领导者。教师主要负责组织学习、引导与情感激励，提供适当的学习支持，学习者在学习过程中，积极通过记忆、理解、提问、反思和评价以达到深度学习，形成高阶认知。教师在智慧课堂中，对于课堂气氛的营造、教学策略的使用，都要注意引导学习者进行思考，培养批判性思维和高阶创新思维。

（二）智慧课堂的特征

1. 个性协同化

智慧课堂应体现个性化教育，基于不同学习者的个性差异（如能力、风格偏好、认知）为其提供可供选择的不同学习策略、路径和学习指导等，而在完成因材施教的基础上，又应注意培养学习者的协同合作能力，通过学习共同体等的建设提高课堂效率，让不同的学习者达到思想与智慧的交融，最终达到高阶思维能力、创新思维能力等的提升。

2. 智能跟踪化

随着大数据、学习分析学等新兴技术对于教学的支撑，智慧课堂应记录每位学习者的学习历程，通过对教育数据的智能化挖掘来分析学习者的学习效果与评价，其中应包括记录学习者学习成长的个人档案袋等。

3. 评价反馈即时化

智慧课堂教学中采取动态伴随式学习评价，即贯穿课堂教学全过程的动态学习诊断与评价，包括课前预习测评与反馈、课堂实时检测评价与即时反馈、课后作业评价及跟踪反馈，从而实现了即时、动态地诊断分析及评价信息反馈，重构形成性教学评价体系。

4. 工具丰富化

智慧课堂中应为学习者的知识建构提供相对应的丰富的学科学习工具和具体化情境，这些学习工具和情境对于无论是概念本体知识、方法本体知识还是应用本体知识都具有意义性建构，学习者可以利用恰当的工具对所学知识进行语义网络组织，帮助学习者完成知识的内化。

5. 交流互动立体化

智慧课堂教学的交流互动更加生动灵活，教师与学生之间、学生与学生之间的信息沟通和交流方式多元化，除了在课堂内进行师生互动外，师生还可以借助云端平台进行课外的交流，在任何时间、任何地点进行信息交流和互动，实现师生、生生之间全时空的持续沟通。

6. 活动智慧化

学习活动的选择与建立是智慧课堂成败的关键，学习活动应以先进的设备和丰富的资源为基础，通过教学促进者的有效指引、学习者的积极参与，从而在情境化、移动化、感知化的学习活动中灵巧、高效地运用知识解决问题。

二、智慧课堂在健美操教学中应用的策略

（一）树立现代化健美操教学理念

伴随着互联网的发展，教育领域也发生了重大变化，教育目标、教育理念、教育方法等受到互联网思想的影响而不断更新，使我国的教育水平得以迅速提升，"互联网+智慧课堂"在教学中也得到了广泛应用。[①] 在"互联网+智慧课堂"视角下，健美操教学创新有了更加科学的途径和依据，其首要任务就是教学理念的创新，学校和教师要依托先进的教育思想和技术来更新自身教学理念，为健美操教学的创新提供思想支持。首先，学校和教师要加强对健美操教学的重视，认识到健美操教学在增强体育多样性、提升学生对体育教学的兴趣、培养学生的体育综合素质方面所起的作用，从而在思想上和行动上对健美操教学给予重视，采取各项措施来促进健美操教学顺利开展。其次，学校和教师要充分认识到新时代健美操教学中引入互联网技术的必要性，以及互联网给健美操教学带来的价值，利用"互联网+智慧课堂"来更新自己的教学思想和教学方向，不断完善健美操教学体系。最后，教师要转变教学理念和自身的角色定位，在教学中重视学生的主体地位，重视培养学生的学习自主性，同时要积极利用"互联网+智慧课堂"体系推动学生主体性的实现，使学生在健美

---

① 李逢庆，尹苗，史洁. 智慧课堂生态系统的构建 [J]. 中国电化教育，2020（6）.

操学习中更加积极主动，提升健美操教学质量。

（二）创建多元化健美操教学内容

对学生来说，健美操是一项新颖、趣味性强的运动，健美操教学的内容是否丰富、多元，将直接影响到学生的参与兴趣，进而影响教学质量，因此，健美操教学内容的创新至关重要。互联网发展为健美操教学内容的创新提供了非常有效的途径和渠道，在"互联网+智慧课堂"模式下，教师有了更多途径来获取健美操教学内容，从而创建多元化的健美操内容体系。首先，教师要充分利用互联网或智慧课堂平台的资源来丰富健美操教学内容。在理论教学方面，教师要结合学生的身心发展特点、兴趣爱好等，选择合适的健美操理论内容来拓展学生对健美操的认识，如健美操的发展历史进程、发展现状、发展前景、健美操的健身作用等，教师可以利用视频、图片或书籍等方式，让学生更加全面地了解健美操理论知识。在实践教学方面，教师要及时了解学生对健美操的兴趣方向，同时通过互联网关注当前流行的健美操形式，将最新的健美操内容和元素引入教学中，如舞蹈、瑜伽、器械等，不断创新健美操教学的内容，为学生提供多元化的健美操教学内容。其次，学校和教师要重视健美操教材的创新，除了及时、定期更换教材之外，还可以根据学校学生的特点和需求来编制校内健美操教学素材，学校要从互联网和智慧课堂中获取灵感，将最新的健美操元素融入教材中，如男生喜爱的街舞、器械；女生喜爱的瑜伽、舞蹈、音乐等，由此增强健美操教学内容的针对性，保证健美操教学质量。

（三）设置合理化健美操课程体系

合理的课程设置是健美操教学顺利开展以及学生体育综合素质提升的重要前提，"互联网+智慧课堂"的发展为健美操课程体系的设计完善，提供了新的思路和技术支持，因此，教师要科学运用先进理念和互联网技术来进行课程设置。[1] 首先，学校和教师要认识到健美操教学的重要性，当前健美操已经成为一个独立的体育项目，而不能仅仅将其看作普通体育课程的一部分，它与其他体育运动有所不同，健美操具有很强的韵律性、娱乐性和健身性，受到广泛喜爱，同时健美操的形式和内容符合学生的兴趣爱好和心理需求，具有良好的发展前景，因此，学校要重视健美操教学的开展，增加健美操的教学课时，保证学生在一年的学习后，能够比较系统地掌握健美操内容，形成较好的运动和

---

[1] 李辉.慕课背景下高职院校健美操教学过程设计的构建研究［J］.体育世界：学术版，2019(11).

健身意识。同时，学校可以开设各种与健美操相关的选修课，让学生有更多的途径去接触和了解健美操。其次，学校要充分利用互联网技术，在"互联网+智慧课堂"视角下设置和发展健美操线上课程，这也是现代健美操教学发展的必然趋势，学校可以建设线上教学平台，如慕课、钉钉、超星学习通等，将健美操相关的学习视频、理论资料、赛事视频等上传平台，学生可以随时随地进行自主学习和练习，大大提升学生的学习兴趣和健美操教学质量。

（四）实施混合式健美操教学方法

以往健美操单一的教学方法削弱了很多学生对健美操的兴趣，阻碍了其健康发展，在"互联网+智慧课堂"背景下，很多先进、新颖、趣味性的教学方法逐渐被引入教学中，线上和线下教学都获得了长足发展，线上线下混合式教学已成为当前被教育者广泛认可的教学模式，因此在健美操教学中实施混合式教学，符合素质教育的要求和学生的心理需求。首先，线下教学方面，教师要改变以往单调枯燥的教学方法，积极在课堂教学中使用现代化教学工具，如进行健美操动作教学时，教师可以利用多媒体播放教学视频，遇到难度较大的环节可以通过慢放、停顿、反复播放等方法，帮助学生掌握相关动作。在进行理论教学时，可以给学生播放关于健美操发展历史、重要比赛、保健知识等方面的影片或视频，增加教学过程的趣味性，从而提升健美操教学质量。其次，线上教学方面，学校可以利用互联网技术来搭建智慧课堂，如可以将当前深受欢迎的翻转课堂和微课等教学方法引入健美操教学中，针对健美操教学的重难点录制视频，让学生进行课前预习或课后复习，然后进行课堂答疑解惑或纠正调整，线上一体式教学，可以很好地提升健美操学习的自由度和学生的自主性。此外，学校还要搭建教师与学生的线上互动交流平台，如在线互动平台，网络社交工具等，教师和学生可以相互讨论教学目标、课后作业、教学方式创新、练习难点等，通过交流指导，不断提升健美操教学质量。①

（五）开展全面化健美操教学评价

当前，健美操教学发展还不完善，需要客观全面的教学评价来衡量和指导教学开展，便于改进和创新健美操教学，在"互联网+智慧课堂"视角下，教师可以用更先进的方法和手段来评价健美操教学，评价结果也更加客观全面。一方面，拓展健美操教学的评价内容，以往评价内容比较单薄，仅仅是阶段性的成果展示，在互联网背景下，教学内容要从结果延伸到日常的学习过程，从

---

① 胡胜，黄馒. 立足课堂生态本质构建课堂教学新生态［J］. 中国教育学刊，2021（8）.

线下延伸到线上，学生在课堂学习或网络学习中的表现都要列入考核内容，如日常出勤率、课堂锻炼态度、团队合作表现、网络学习频率、线上提交作业的次数和质量等，这些内容都可以作为健美操教学的评价指标，从多个角度评价学生的健美操学习效果。另一方面，创新评价方式，除了教师对学生进行考核打分外，教师还要充分利用互联网技术开展评价，如将学生网络平台以及智慧课堂的学习数据作为评价的数据指标。此外，还可以将学生的健美操展示的过程录制视频，邀请其他教师共同考核打分，不断提升健美操考核的客观性和全面性。[1]

(六) 建设高素质健美操教师队伍

高素质的教师队伍是保证健美操健康发展必不可少的要素，随着学校对健美操教学的重视以及"互联网+智慧课堂"在健美操中的应用，对健美操教师的专业综合素质提出了更高要求，因此加强健美操教师队伍建设迫在眉睫。首先，学校要建设专职的健美操教师队伍，一方面，从学校体育教师队伍中选拔优秀的健美操教师，另一方面，积极从校外招聘和引进专业的健美操人才，为学校健美操教学创新输入新鲜力量。其次，学校要充分利用"互联网+智慧课堂"的优势来提升教师专业能力。除了定期组织教师参加线下的健美操教学培训、学习和交流活动之外，还要利用网络资源来提升教师专业素质，如教师可以通过网上课程学习健美操教学最新的理念、内容、方法等，还可以借鉴其他健美操名师的教学经验，从而不断改进和完善自身教学。此外，教师还可以利用网络与其他名师、专家等进行在线交流，有针对性地解决自己在教学中遇到的问题，提升自身专业能力，为学生提供高质量的健美操教学。

第四节　翻转课堂引领健美操教学

一、翻转课堂解读

(一) 翻转课堂的内涵

所谓翻转课堂是指教师创建教学讲解视频，制作课件，以及提供课程相关

---

[1] 许兴. 微课在高校公共健美操教学中的运用 [J]. 文体用品与科技，2019 (1).

的电子书和文章，学生在课外观看视频讲解，查看课件，阅读相关材料，回到课堂上师生面对面探讨交流和完成作业的一种教学模式。在传统课堂中，学生被动接受教师教授的知识，教师是课堂的主体。① 而在翻转课堂中，学生可以自主规划学习内容、学习节奏、风格和呈现知识的方式，教师也能拥有更多的时间与学生交流，采用讲授法和协作法来满足学生的需要和促成他们的个性化学习，其目标是让学习更加灵活、主动，让学生的参与度更强，从而掌握更扎实的知识。

（二）翻转课堂的特征

翻转课堂最大的亮点在于其打破了固有的、相对封闭的教学模式，让教学手段更加多元化，完成了教学重点的改变，使学生的学习主动性更强。在实际教学中，要想发挥出翻转课堂的最大优势和作用，需要结合真实的教学情况，找准学生兴趣点，强调学生的主动学习，突出其主体地位，将教学视频作为重要的教学辅助工具，提高教学的真实品质。在翻转课堂中，可以明确看出教师身份的转变——由传统讲授者转变成为引导者和学习活动的组织者。学生的个人学习意愿得到尊重和满足，不再被动地接受教学内容，而具有了更多的自主性选择，学生成为知识获取的探究者。实践表明，翻转课堂的出现提高了教学的实效性和趣味性，学生的接受度更高。在教学形式上，以教学视频为主，将其作为重要学习资源，学生需要深入挖掘视频背后的价值和意义，充分运用和整合教学资源，以确保提升自身能力。从教学内容上看，教学视频的特征十分明显，即短小精悍，是教学内容的压缩，属于教学重点和精华。在现实教学中，授课教师想要制作出高质量的教学视频，确保教学效果，就必须从教学内容出发，精准提炼出教学的重点，整理所有难点或技术要点，并在此基础上进行讲解和示范。除此之外，视频的长短要恰到好处。合理的视频时间，可以实现学生注意力的提升，将学生零碎时间整合，从而完成系统化学习。② 借助互联网教学平台，学生可以结合自身情况，科学安排学习时间。鉴于视频随时随地都可以发挥教学作用，缩短了教学时间，教师可以将更多的时间投入解决学生所存在的疑难问题等方面，进而增强教学的针对性提升教学效果。

---

① 赵娟. 翻转课堂内涵、发展与思考［J］. 大东方，2016（4）.
② 李擎. 核心素养视角下翻转课堂在高校健美操教学中的应用研究［D］. 济南：山东师范大学，2020.

二、翻转课堂在健美操教学中应用的意义

（一）有助于提高学生的学习兴趣

翻转课堂教学视频的特点是将教学内容化繁为简，通俗易懂地解读教学内容，视频时长短，内容精炼。[①] 学生可以采用自主学习的形式观看并学习健美操教学视频，按自身的学习能力安排学习进程，提升学习效果，在此过程中学生的自信心逐渐增强，学习健美操的兴趣也会愈加浓厚。从翻转课堂在高校实践的过程中可以看出，学生对采用翻转课堂模式的健美操课更感兴趣，有利于他们更加积极地参与学习活动。

（二）有助于健美操的教学效果得到提升

学生对教学内容进行课前学习，提前预习了教师在课上要讲的知识点，通过观看视频完成初步的自主学习过程，教学效果得以明显提升。再者，学生在网络平台上观看、学习教学视频，提高了时间效率，同时也加快了学习进度。对于传统健美操课堂授课上，学习跟不上教师的节奏、听不懂教师的讲解分析、看不清教师的板书内容等问题，在翻转课堂的实施中均得到了明显的改善，健美操课堂从而由线下过渡到线上的自主学习与线下教师传教相结合的教学模式。

（三）有助于合理分配课堂时间

在传统健美操课上，大部分时间以教师传授知识为主，学生练习的时间十分有限，而翻转课堂恰恰打破了此种学习格局，在应用翻转课堂中，健美操教师不是一味地对技术要领进行讲解，而是以学生自主学习为主导，将基础知识点作为学生首先要完成的自学内容，教师占用课上的时间大大减少，留给学生自学的时间相对增加，以学生作为课堂的主导，调配了固定的课堂用时，对于那些基础不扎实的学生，可以自行掌握学习进度，进而提升学习效率。也就是说，翻转课堂的应用不仅可以提升学习效率，还可以培养学生的自主学习能力。

[①] 黄芳芳. 高职院校健美操课翻转课堂教学效果研究［J］. 当代健美操科技，2020，10（32）.

(四)有助于提高学生的团体合作学习

部分高校健美操课程，会安排进行团队创编期末考试环节，目的就是考核学生的团队合作意识，协调配合能力以及团队的创编能力，小组练习在翻转课堂中体现出了高效率的特点。而翻转课堂在健美操教学中的应用，给学生的自主学习留出了大量的时间空白，教师也可以利用课堂时间引导学生充分发挥想象力，大胆创意队形和造型，以集体表现形式进行演练，从而不断提升团队的合作协调能力。

(五)有利于教学任务的实现

在健美操翻转课堂教学模式中，课前教师可以通过录制教学视频的方式来创建教学任务，在网络教学平台上指导学生下载相关的教学视频，组织学生根据教学任务提前预习教学内容；可以根据网络教学平台的实时交流，及时了解学生对于健美操课堂教学的建议，掌握学生的学习期望值，对没有舞蹈基础的学生进行课前辅导。在课堂教学中，教师可以利用多媒体课件、微课视频和教学光盘，让学生开展健美操教学内容的练习、巩固和提高，保证学生能够掌握准确的健美操运动信息，真正开展积极主动的身体素质练习。在课余时间，翻转课堂体现在教师和学生的交流互动上，它能够及时将课堂教学成果和学生的学习心得反馈给教师，有效提升课堂教学效率。

三、翻转课堂在健美操教学中应用的策略

(一)更新教学理念

在新时代背景下，翻转课堂在健美操教学中的实践探索，首先要建立翻转课堂的教育理念和发展应用理念。只有这样才能从根本上解决当前翻转课堂在体育教学中仅有形式而缺乏内容实质和教学能力发展的桎梏。可以从以下两个方面着重进行探索。第一，基于"身体素养"的教育理念落实"人的全面发展"的教育目标和新时代"五育"的均衡发展要求，深入剖析健美操在高校开展的意义、价值和未来发展趋向，为高校健美操翻转课堂的长期、发展、创造性应用奠定发展理念基础。只有坚持长期和发展性应用，才能杜绝短期功利化行为和形式主义的不良影响，为翻转课堂的健美操教学实践和研究奠定坚实的支持和发展空间。第二，全面提升教师的翻转课堂认知水平和创新应用能

力。将翻转课堂引入健美操教学中不是简单地将 PPT 换成微课视频、专业竞技视频赏析和线上交流方式，也不是抛开课本对原有教学进行全面否定，而是依据原有教学体系和学生运动基础，将课堂内容基于互联网技术进行基于当前新的教育目标和教育理念要求下的，包含运动技能、理论认知、综合学科能力发展要求的全方位拓展。

（二）注重教学实践

在新的教育理念下，健美操翻转课堂的实践探索必须最终落实到学生的能力提升上。教学实践部分是该研究的核心。可从以下 3 个相互关联、相互促进的层面着手：第一，通过与校本课程和教学进度紧密结合的网络平台教学资源和多媒体课件、教学视频，初步培养学生对健美操运动的整体认知与感知，加深学生对健美操运动价值、运动魅力的了解，来初步培养学生的运动情感；第二，通过线下课堂教学、线上辅导及课外自主锻炼的有机统一的教学模式，着重强化学生的肢体语言表达力、基本健美操技术动作认知与表达能力、音乐、舞美欣赏力，使学生具有较高水平的健美操展现能力；第三，参与一定形式的健美操竞赛与表演，在大量的实践中磨炼人际交往、团队协作、组织与管理、舞蹈动作创编等更高层级的能力与素养，从而提高学生的健美操综合发展水平。

（三）注重能力发展

翻转课堂虽然借助互联网技术能巧妙地解决当前健美操实践教学过程中师生比、人均场地器材失衡及竞赛与表演组织机会过少的教学难题，但健美操翻转课堂教学方式并不是万能的，也存在监管漏洞和教学盲区。特别是当今青少年在中学阶段高强度的学习压力，往往使得他们在大学阶段无节制地使用网络，甚至沉溺于网络，而网络安全与自控能力的教育当前还是高校教学中的一个盲点。在高校思想道德教育过程中发现，高校不健康的生活行为和思想的形成与大学生不健康的网络使用习惯具有直接相关性。因此，翻转课堂在健美操教学中的使用，注重使用的"度"，并进行行之有效的教学监管。在能力发展上，翻转课堂要注重学生自主学习能力、综合能力发展要求和自觉意识的激励与监督，可以在以下 3 个方面进行强化。首先，形成学习小组，以小组考核的形式加强小组内成员的情感联系与监督，激发学生整体的健美操学习兴趣与较高的学习热情；其次，建立课内外一体化的学生考核体系，通过课前测评、课堂表现、课后参与几个环节的有机考核测试，让学生在课前能够真正通过翻转课堂所提供的教学资源进行自主学习，保证课堂效率和实践环节的参与度和参与热情，提升学习结果转化为能力的效率，真正提升学生的自主学习能力；最后，通过教学设计、竞赛创编和表演参与的形式，让翻转课堂真正发挥在学生健美操项目中的发展综合能力的优势，并通过实践探索和展示使学生最终养成自觉意识的激励与自我监督，获得持久的运动兴趣和更高层次的健美操技战术技能与赏析能力。

（四）加强教学设施建设

要想充分发挥翻转课堂教学模式对健美操教学有效性的提升作用，必须加强教学设施建设，具体措施主要包括以下几点：第一，加大投入，提升建设健美操翻转课堂教学网站服务器的性能，加快其数据处理速度，提升服务器运行的稳定性。第二，加强校园网络建设，提升网络平台运行的流畅度，使教师和学生在翻转课堂教学中浏览视频无卡顿，从而更好地开展翻转课堂教学活动。第三，加强翻转课堂教学所需的网络教学多媒体设备的建设，从硬件上保障翻转课堂教学模式的顺利开展。

（五）提升健美操教师的信息素养

信息技术是翻转课堂教学模式实施的基础，而翻转课堂教学模式的实施效果在很大程度上依赖于健美操教师的信息素养。因此，为了能够更好地利用翻转课堂提升健美操教学的实效性，必须提升健美操教师的信息素养，具体措施主要包括以下几点：第一，可以通过引进具有较高信息素养的健美操教师的方法提升健美操师资队伍的信息技术水平。第二，课题通过培训提升健美操教师的信息素养，使得健美操教师能够熟练地进行视频的录制、剪辑和发布，使得健美操教师能够熟练地进行音频的录制、编辑和音效处理，使得健美操教师能够熟练地利用网站提供的大数据分析功能进行教学数据分析，及时了解每位同学的健美操学习情况，从而进行个性化的健美操翻转课堂教学。第三，可以通过教研组的相互交流及团队协作提升健美操教师的信息素养，从而更好地丰富翻转课堂网络教学资源，为健美操翻转课堂的有效开展添砖加瓦。

（六）利用翻转课堂充实课间及课后

翻转课堂具有方便学生进行课后复习的优势，因此利用翻转课堂能够为学生在课间和课后进行健美操动作的复习增加机会，具体措施主要包括以下几点：第一，健美操教师可以将健美操相关的理论知识制作成课件和视频，方便学生在课间和课后复习健美操相关的理论知识。第二，健美操教师可以将难度较大的健美操动作录制成视频，方便学生在课间和课后复习较难的健美操动作。

第七章 竞技健美操训练与教学指导

随着竞技健美操发展的逐步推进,我国也要加强与国际的竞技健美操的交流合作,让运动员进行同台竞技,感受国际健美操运动的发展,权衡利弊,为我国健美操运动的持续发展寻找新的目标、新的方向,逐步改善国内的竞技健美操运动环境,为我国竞技健美操的改革创新提供新的思路。本章主要对竞技健美操训练与教学进行了系统论述。

第一节 竞技健美操概述

一、竞技健美操的内涵

竞技健美操是一种评分类运动项目,主要是以技能为主导,表现出高难度和高审美等特征。在特定的音乐伴奏下,竞技健美操运动员需要完成一系列较为复杂的高难度动作。同时该动作还具有一定的强度,对运动员的体能提出了较高的要求。竞技健美操是由有氧健身运动发展而来的,主要包括三人项目、五人项目、男女双人项目、男子单人项目以及女子单人项目五种类型。作为一种高雅竞技的运动形式,竞技健美操既拥有柔韧性力量,同时还表现出明显的艺术美,能够带给观众更好的视听体验。

二、竞技健美操的审美体现

(一)身体美

竞技健美操的身体美通常指的是在优秀的身体条件基础上展现运动员优美的身体姿态。优秀的身体条件是开展竞技健美操的重要基础,虽然身体美是新规则下竞技健美操的审美体现之一,但并不是全部。身体美不仅仅需要运动员展现自己的体态,还应该包括面貌和表情,展现自己身体的每一部分,让自己能够和竞技健美操融为一体。如今人们越来越意识到面部相貌对他人认知影响的重要性,比如,优秀的外貌可以和积极的情感事物联系在一起。这种情况在竞技健美操的审美本质探索中更加重要。无论是裁判员还是观众,在判断和观赏竞技健美操时总会无意有意地受到运动员相貌的影响。竞技健美操本身就是一种评分类运动项目,而在该项目中,运动员的外貌会对观众的审美体验产生直接影响。在评分体系上竞技健美操相对复杂,面部表情能够展现运动员的精神风貌。自然平和的微笑远远要比麻木、夸张或者空洞的表情更加自然,更加能够带给人们美的享受。竞技健美操运动员可以通过化淡妆的方式来提升自己的面貌,并在日常训练中改善自己的面部表情,或者通过美瞳和眼线等方式让自己的眼睛看起来更大、更有神。再比如,运动员可以利用修容粉来让自己的脸型更好看。通过更多外部手段来提升自己的容貌,给观众带来更加美的享受,提升自己的气质和美感。

总而言之,运动员在保持优美身姿的基础上,还应该注重自己的容貌,并学会运用其他多种手段来提升自己的精神风貌。

(二) 运动美

运动美是竞技健美操中的重要审美体现之一。运动员在竞技健美操中做出相应的技术动作之后,会表现出该运动所特有的美感,比如,风格美、技术美、意志美和品质美等等。从而给观众带来更加美好的享受,和观众形成心灵上的共鸣。

新规则下要求运动员发挥自己的人体机能,充分展现自己的潜力和技术,科学高效地完成各种竞技健美操的高难度技术动作。而在这一过程中,运动员还应该保证每个动作完成的速度要足够快,并不是越快越好,而是要在快的基础上更加流畅,从而使整套动作形成一个完整和谐的体系。整个体系的完成品质越高,那么运动员的得分也就越高,最终体现出的审美价值也越高。竞技健美操这类评分类项目可以带给人特殊的美感,其原因在于运动员可以用自己的优美身体创造一系列的活动体系,展现该运动项目的美感。在现有的人体知识体系和科学的训练模式下,所能够创造出的最为科学、最为美观的运动系统就是运动美。运动美实现了人体上健、美和力量的统一。但在这一过程中需要注意的是,即便是相同的技术动作,但如果由不同的健美操运动员展示,那么其最终展现的风格美也会有一定的不同。这是由于每个人的身体条件都有一定的差异性,比如,身高、体重、音乐的节奏感、弹跳力以及对健美操的感悟能力等等。每一位运动员的协调性、连贯性和准确性等都会有一定的差异,所展现出来的竞技健美操形式也各具风格。新规则下竞技健美操比赛更加注重运动员的意志品质,只有具有坚持不懈的意志力和较强的身体力量,才能展现该项体育项目的运动美。如果在日常的训练中没有坚韧的意志力和顽强拼搏的精神,也没有在比赛之前平衡自己的心态,树立强大的求胜心。那么在比赛中,运动员是不可能完美展现自身的竞技健美操技巧的,无法带给观众更加良好的视觉享受。也就是说新规则下,竞技健美操体现的运动美并不仅仅指高难度的技巧动作,而是更注重深层次的良好品质美。

(三)服饰美

服饰美是竞技健美操的外在表现,和运动员的身体以及动作体系具有相似的作用。竞技健美操运动员的服饰也能够展现一个运动员的表演审美,在最终的评分中能够一起到有效增分的作用。运动员应该在健美操表演中选择和表演内容以及自己的运动风格相契合的特质服饰,这种服饰既能够符合成套动作的内涵与其相搭配,还能够展现运动员所特有的艺术气质,从而为观众展现更加良好的气质美。从现如今的竞技健美操比赛发展趋势来看,服饰美已经成为各个比赛中重要的拼搏领域之一。更加适合的服饰可以展现运动员的身体美和运动美,同时在整个节目的编排上也发挥着不可替代的重要作用。在比赛中需要选择适合款式的服装,可以为动作的顺利完成提供有力保障。在颜色和图案方面也应该积极结合队伍以及运动员所特有的精神风貌,展现竞技健美操队伍和运动员的精神内涵。例如,在一些国际健美操比赛中,中国运动员会身穿有太极和祥云的服装去参加比赛。而这种服装既能够展现中华民族的特色,还能够吸引观众,有效提升观众的视觉感受。

(四)音乐美

音乐美是竞技健美操中不可缺少的重要组成部分,也是审美特点的重要体现,不同的音乐蕴含着不同的情感主题。在竞技健美操比赛中,通过特定的音乐既能够为运动员的动作提供运动节奏指引,还能够减轻运动员的疲劳感。除此之外,合适的音乐还可以有效提高观众的注意力,让观众能够被音乐所带动,营造良好的氛围,带给观众更加美好的视听享受。音乐编排的目的是传达竞技健美操的本质精神,并和运动员的动作体系和身体姿态相契合。通过合适的音乐配合优秀的动作体系,既能够带给运动员和观众更加独特优美的心灵审美体验,还可以给竞技健美操的创编者带来更加多样化的灵感。从而使健美操创编者可以创造出更加符合音乐内涵的健美操技术动作。既能够丰富健美操的艺术审美内涵，还能够有效发挥音乐在健美操比赛中的作用。

一般情况下，竞技健美操所使用的音乐大多为迪斯科、轻音乐、爵士乐和摇滚乐 4 种。在选取音乐的种类方面有一个非常明显的特点，那就是其中的外国音乐要占据大多数，中国音乐类型相对较少。而这则对我国的竞技健美操创编者提出了更高的要求，使创编难度大大提升。而且一些观众并不了解不同技术动作和音乐之间的内涵关系，导致竞技健美操不符合我国人民的审美标准。在国内的一些竞技健美操比赛中影响了很多中国观众的理解与领悟，这种先天存在的不利情况，导致很多中国竞技健美操运动员对竞技健美操本身的理解程度不如外国的健美操运动员。要想发挥音乐美在竞技健美操中的重要作用，则需要创编者积极结合我国优秀的音乐，设计更加优美的技术动作，并加强我国音乐艺术的传承和弘扬，让更多人了解中华优秀传统文化中的音乐文化。

（五）编排美

竞技健美操是由多个技术动作编排而成的，因此在竞技健美操比赛中，其动作美也是整个健美操审美特征的重要体现。大多数观众并不懂得健美操技术动作和服饰以及音乐之间的关系，但他们会被优美的动作所吸引。而单一的动作是无法让观众形成良好的审美体验的，即使穿插了一系列优秀且高难度的技术动作，也无法达到良好的表演效果。新规则下竞技健美操更加注重编排的重要性，需要体现出编排美。教练员应该结合运动员的实际情况、国家民族特色、音乐种类和内涵等等，合理编排技术动作。让竞技健美操的成套动作更加协调干净，充满活力。只有提升自己的创新意识，才可以打破固有外部形态美的限制。在动作力度、速度、幅度、方位以及体系方面进行创新，展现竞技健美操的编排美。

在动作力度方面进行编排，可以展现不同的力度美。运动员在竞技健美操比赛中完成不同的动作，所使用力的大小都会让动作展现出不同的艺术特点。一般情况下，健美操整体需要带给人一种刚劲有力的审美风格，但在部分细节上也需要运动员加强刚柔并济，刚柔相济才可以进一步实现动作艺术的升华。而在动作幅度创新方面需要注重体现动作最终的美感以及和谐程度。动作的幅度决定着动作的强度，强度则会影响到最终的动作质量。在创编竞技健美操动作的时候，应该注重其幅度和和谐程度，不能过大也不能过小，要能够体现出竞技健美操的编排美。而竞技健美操创编的动作速度也能够体现出运动员在比赛中的动作快慢程度。不快不慢，不拖沓的动作可以更加干净利落地展现规范之美。在创编过程中创编者应该保证每一个动作方位的规范，使运动员的每一个动作都能够按照相应的标准完成。同时不同的动作应该符合人体运动规律，从而提高运动的质量感和美感，体现出创编美。而最后的动作创新编排则主要依赖于教练员和运动员的核心素养。既需要在竞技健美操中突出艺术的个性、吸引性和独特的风格，还需要让整个竞技健美操的动作符合标准。[①] 这样才可以让观众耳目一新，为观众带来更加良好的视听感受，体现竞技健美操的编排美。

三、竞技健美操运动员表现力的影响因素

（一）身体素质能力

身体素质是人参加体育锻炼的必要前提，充沛的体能又是运动员参加比赛展现出优秀成绩的前提，操化动作越复杂，身体技巧动作越多，难度越大，就对运动员的身体提出的要求越高，要求运动员具有较强的身体素质，充沛的心肺功能，同时成套中的柔韧难度也对运动员的柔韧素质提出了要求，要求运动员具有柔软的韧带，运动员只有具备了良好的身体素质才能完成成套的动作，相反运动员的身体素质欠缺，就对成套中的动作、操化具有较大的影响，从而会降低运动员成套的分数，得不到应有的成绩。身体素质是运动员参加体育锻炼、体育竞赛的前提，是决定运动员在比赛中能否表现出较强成套表现力的决定因素。

（二）技术水平

竞技健美操是属于以身体技能训练为主导运动类型的综合体育运动，在相当长的一个历史发展时期内，"难、新、稳"仍将继续是这个难美性项目主要的发展趋势，其中"美"在学习和表现难美项群运动中占据了极为重要的一点，对于运动成绩也是具有极大的影响，"美"就是为了要充分激发和培养运动员的审美情感，使得运动员更加积极投入地学习和表现自己，发挥和表现出自己运动员应有的技能和水平。

（三）团队协作

竞技健美操的项目里除了男单、女单，剩下的混双、三人、五人等集体健美操项目最重要的是整个团队的协作，健美操队员要坚定团队意识，一花独放不是春，百花齐放春满园。所以健美操的表现力来自于队友之间的信赖与支持。在健美操艺术一致性的评分中，集体健美操项目的艺术一致性主要是靠整

---

① 袁小芳. 关于新规则下竞技健美操审美的思考［J］. 文体用品与科技，2023（1）.

个队伍的团结协作来完成的，一致性的培养和增强更是能充分感染广大群众，感化教练和裁判，增加健美操艺术的得分。

（四）操化风格动作

竞技健美操的操化形式成套动作的设计是这个体育项目的一大艺术特色，它要求运动员通过成套操化形式和动作的设计来充分展示自己的"健、力、美"，所以成套操化动作的设计与其风格直接影响到了运动员成套表现力的充分发挥。运动员在成套操化动作中，要求具有强弱、节奏、层次的个性特征变化，同样运动员也能够更好地展现自己，他们的表现力也能得到相应的提高。

（五）运动员心理因素

从外部获得的各种信息。如，比赛的环境，观众的情绪与行为、场地器材的布置、当时当地的气候、对手的状况、裁判的特点与刺激，都会引起运动员情绪上的不同体验。应防止外界刺激和不利因素的干扰，而接受有利的信息，使注意力相对集中，因此，心理素质好的运动员在比赛中能够稳定地发挥出平时训练的水平甚至超常发挥自己的能力，根据自己的比赛目的和任务去调节自己的心理变化，去调动自己的积极性。发挥出自己该有的水平。采取积极的心理暗示和自我鼓励，完美地发挥自己该有的水平。[①]

第二节　竞技健美操训练的原则

一、一般训练和专项训练相结合原则

健美操包括一般训练（一般身体训练、基本训练）和专项训练（专项身体训练、专项技术训练）两个方面。在训练过程中一般性训练和专项性训练就是要在健美操训练过程中，根据竞技健美操的项目特点、运动员的训练水平和训练的不同时期、阶段及各阶段的任务，恰当地安排二者的训练比重。两者是相互制约、相互促进的，需要共同完成训练的总目标。同时要根据健美操运动项目的特点，学生的实际水平以及不同的训练阶段的任务，合理地安排两者之间的训练比例。例如，在选择一般性训练项目时，既要保证训练内容、训练

---

① 袁小芳. 关于新规则下竞技健美操审美的思考［J］. 文体用品与科技，2023（1）.

手段的全面，又要符合专项运动训练的突出特点。健美操是一项追求人体健与美的运动项目，具有高度的艺术性。对学生的肢体、形态、气质以及舞蹈基础要求比较高。一个好的选手必须同时具有多方面的技能和丰富的艺术素养，才能在健美操中融会贯通，从而表现出高超的技艺，富有内涵。因此在一般性运动项目训练中可以进行芭蕾基本训练、代表性操化练习以及体操项目，包括提高身体素质的体操练习、健美体操、韵律体操等方面训练并结合健美操的特点进行。在健美操课的前部分和最后部分进行一般性训练，如果前部分是操化的基本训练，那么最后部分就以身体练习为主。专项技术训练放在课的主要部分进行，并使一般性训练占整堂课的1/3。

二、竞技需要原则

竞技需要原则是指根据运动员竞技能力及运动成绩的需要。从实战出发，科学安排训练的内容、方法、手段及运动负荷等因素。竞技健美操运动员的竞技能力体现在完成成套动作的质量、运动员的表现力等方面，训练过程应围绕这几个方面有计划有目标地进行。健美操成套动作是难度动作操化有机、巧妙的组合。动作过渡与衔接需要包括节奏、空间、路线等方面的变化。动作质量是由运动员对机体的控制能力来体现的。完美地完成动作的标准是操化动作准确、有弹性、连贯，肢体线条优美与自然、健康。运动员的专项耐力主要表现为轻松完成成套动作的能力。表现力是通过运动员生动有力、清晰的动作，富有激情的、丰富的、贴切的表情来展现的。良好的心理状态能很好地保证自己在赛场上稳定发挥。

三、合理安排运动负荷原则

运动员在竞技健美操训练过程中承受的运动负荷对其运动能力的提高能够产生直接影响。只有经受足够的运动负荷刺激，运动员的体能和竞技能力才会得到有效锻炼而获得提升。因此，在训练过程中如何合理地安排运动强度和运动量具有重要意义。

教练员在为运动员安排运动负荷时要把握好尺度，根据训练对象的身体素质、运动水平、要完成的训练任务综合考量，安排的运动量和运动强度既要在训练对象的承受范围内，又要使其受到负荷的刺激，并在其适应现有运动负荷后逐渐加大负荷，令其一次次适应新的运动负荷，以此激发训练对象的潜能，促使其不断进步。

竞技健美操运动是一项全身性的综合运动，不仅动作难度高，运动强度也很大，因此要求运动员需要具有出色的身体素质及身体控制能力。为了提高运动员的身体素质和运动技巧，在开展训练活动时，教练员应该尽可能让运动员进行系统的训练，对每一种竞技健美操运动需要的身体素质都进行相应的训练，并在每个训练内容中安排适当的运动量和运动强度，让运动员在合理的负荷激发下增强自身的素质。教练员在安排运动负荷时，要符合科学规律，按照训练阶段制定恰当的训练任务，促使运动员在科学的运动负荷曲线中提高负荷耐受力，从而提高运动水平。

四、周期性原则的运用

周期性原则是指运动训练过程以周而复始、循环往复的方式进行，后一个循环在前一个循环的基础上，不断提高训练要求，从而创造优异成绩。一般地，将一个训练周期划分为准备期、竞赛期、过渡期。准备期是保证竞技状态的形成；竞赛期是提高和巩固竞技状态；过渡期是主动地对竞技状态进行调整。教师要根据健美操项目的比赛特点合理安排训练周期，如全国健美操比赛一般有上半年和下半年的比赛，那么全年训练大周期可以从年初开始，安排2个大周期，每个周期都有4个月准备期，1个月竞赛期，1个月过渡期。还要根据具体情况控制和调整一个大周期的三个阶段的时限，以保证学生出现竞技状态为准。并且要控制准备期的训练时间，不能采用强化专项训练手段来压缩准备期。同时在每年赛事频繁的情况下，要有所选择，一旦出现疲劳的积累，竞技状态就会逐步消失，那么就要停止比赛，转入过渡期进行恢复调整。

五、系统性原则的运用

健美操训练要有计划、有规律地在完整的训练体系下进行，以保证运动员在竞赛中取得理想的成绩。其中训练的周期、任务与目的、不同内容的安排、合理的运动负荷以及不间断训练等是保证系统训练的基础。训练周期是根据不同赛事以及运动员的培养目标而建立的，首先要建立大型训练周期，也可称之为发展期。在不同的发展期中包含着若干个相关周期。入门期训练中教练员不仅要用言语讲解、指导，更要主动、有针对性地示范，使运动员对竞技健美操有全面准确的认识，对竞技健美操基本技术的掌握和对正确的身体姿态的控制。适应期这一阶段主要在操化动作训练方面要强调动作的准确性，适应动作的变化的复杂性。成熟期有利于发展超强的健美操竞技体能和新颖的难度动作，使动作具有强烈的吸引力与表现力，形成鲜明独特的成套风格，具备成熟健康的心理承受能力，创新意识是至关重要的。①

六、全面发展与针对性训练对立统一原则的运用

竞技健美操是一项综合性很强的运动项目，它不仅仅要求运动员在体能（力量、速度、耐力、柔韧、灵敏、协调）方面有扎实的基础，同时也要求运动员在心理、文化、审美上有超乎寻常的想法。在训练中，除了安排健美操专项特有的内容外，还要有意识地安排相关内容。如：健美、舞蹈、表演、美学、艺术鉴赏等，以全面提高运动员的综合素质。要合理安排核心内容与相关内容的训练。运动员个体间既存在共性也存在着差异，要解决好共性与差异的矛盾。

第三节 竞技健美操基本动作训练

一、动作力度训练

（一）语言刺激训练法

在高校竞技健美操的动作训练中，每个动作的力度是体现健美操特征的重要方面。运用语言的刺激给予强化，例如，在做动作的过程中，肌肉的"用力""控制""对抗""力度"等以语言的形式进行强化，给高校学生以"刺激"，使他们的神经系统和肌肉运动系统协调一致。

（二）协助训练法

协助训练是最直接的指导训练，适用于运动初期建立动作感知能力。在高校，这种方法主要是通过教师对学生运动员即将完成的竞技健美操动作进行控制和调整，纠正其动作的用力大小、速度、方向以及动作制动时机掌握的准确性。例如，在做"左臂上举，右臂前举"动作时，为了使学生快速有力地摆至标准位置制动，教师可用双手握住学生的手腕带动其摆动，并让学生体会到位后制动的肌肉用力的感觉，也可以借助哑铃来练习，根据学生的体重举起与

---

① 陈雪辉. 浅析运动训练原则在竞技健美操训练中的运用 [J]. 体育世界, 2016 (15).

其体重适宜重量的哑铃，以提高肌肉的感受力。同时，也可以采用标准位置的限定训练，教师可以用双手放在前举位置和上举位置或用线绳等其他物品来代替，让学生双臂摆动到该位置快速制动，反复练习可以提高学生对动作的感受能力。[①]

二、动作速度训练

（一）助力训练

在针对运动员的动作速度的训练过程中，让运动员亲身体验到快速运动的感觉有利于促使其领悟动作速度的作用并掌握提高速度的技能。教练员可以让运动员在完成动作时借助外力达到既定的速度。在利用助力进行训练时，教练员要准确把握助力大小及引入的时机，以便运动员获得最佳的体验，从而促使其自主进行更多训练，提高自身的动作速度。

（二）变奏训练

变奏训练是指改变音乐伴奏的节奏来提高运动员的动作速度的训练方式。音乐伴奏是竞技健美操不可或缺的部分。伴随动作展示的全过程，音乐的节奏会对动作的速度和节奏产生较大的影响，并且音乐的节奏能够感染运动员的情绪，影响其神经兴奋度，因此对其完成动作的节奏和速度产生一些影响。

从这个前提出发，教练员可以从音乐伴奏的节奏方面入手进行训练，如让运动员根据快慢节奏不同的音乐练习动作，体会其中的不同之处，并寻找能够有效保持较快速度的方法。

在训练的实践活动中，教练员要注意观察运动员的动作准确度和表现力，因为准确度与速度的发展趋势相反，动作快了准确度自然会下降。所以，教练员要密切观察情况并及时纠正或提醒运动员保证动作的准确性。

还有一种变奏训练，音乐伴奏的节奏和速度没有发生改变，运动员在一种音乐伴奏中进行不同速度的动作练习，如交替练习高速和低速动作。这样做的目的是提高运动员在短时间内适应不同速度的能力，尽量避免让运动员以稳定不变的速度开展动作练习。

（三）高频重复性训练

高频重复性训练是指运动员用很快的速度在规定的时间重复某些动作的训

---

① 王鹏. 健美操运动的基本理论及其教学研究［M］. 天津：天津科学技术出版社，2020：120.

练方式。它与单纯的高速训练不同，单纯的高速训练旨在提高动作完成的整体速度，而高频重复性训练则是针对某一具体的动作进行大量的反复练习，在不断的重复中提高瞬时动作的完成质量，实现精准提高完成该动作速度的目的。

在训练过程中，教练员为运动员完成某项动作的时间设下规定，这就意味着运动员必须提高自己的重复速率，才能在规定时间内完成。在这样的高速练习中，运动员在完成该动作时的速度自然变快了。该训练方法的目的是让运动员在高频次的重复练习中不断熟悉动作的路线和技术要点，以便形成肌肉记忆，完成自动化重复动作。[1]

三、动作方位训练

高校竞技性健美操基本动作的方位控制不仅表现在肢体准确地到达某一预订位置，而且表现为动作过程路线的准确清晰。动作方位的控制能力体现着大学生自身对空间位置及运动时间的感知能力，许多观点认为，多次重复训练能够有效地提高人体对时间空间的感知能力，形成准确的方位控制能力。

（一）镜面方位校对性训练

在高校竞技健美操运动中，镜面方位校对性训练不仅是指学生面对镜子练习动作的准确性，也指学生相互或面对教师完成操化动作的训练。镜面方位校对训练可以清晰准确地帮助高校学生建立正确的动作方位感，让学生对自己容易犯错的动作角度、高度、弧度和动作方位有一个清晰的认知，这样可以及时纠正和调节学生的方位错觉，使学生在较短的时间内提高竞技健美操动作的准确性，建立标准的方位感。

（二）定位训练

在高校竞技健美操运动中，定位训练是指高校学生在训练操化动作的过程中，对每一拍上肢动作和下肢动作都要求达到规定位置的训练。开始训练时，可以放慢动作节奏让学生充分感觉动作所在的规定位置，等学生已经可以习惯性地达到定位点，再加快动作节奏直至比赛要求的速度。除此之外，教师可以在定位点设置障碍物，帮助学生建立方位感。定位练习容易出现僵硬的动作和机器式的动作感觉，因此定位练习应该注意调动学生的动作表现力，在定位中强调动作发力和制动的感觉。

---

[1] 黄河. 竞技健美操训练研究 [M]. 长春：吉林人民出版社，2021：73.

四、运动幅度训练

(一) 幅度体验性训练

要想高效地提高运动员的动作幅度,首先应该加深运动员对动作幅度的领悟和理解,而身体感觉这一途径是达到目的的有效选择。教练员应安排运动员完成各种幅度的动作,使其体会到不同动作之间的幅度差别,以及同一个动作用不同的幅度完成时又有哪些差异。只有让运动员亲身感受到动作幅度对动作完成质量的影响,他们才会真正重视训练,并主动积极地参与训练,同时因为有了切身感悟,对运动幅度的理解也更深了,对训练的效率有促进意义。

从理论上来说,运动员在完成幅度小的动作时,身体受到动作的刺激较小,幅度大的动作其运动强度也相应增加,身体受到的刺激增大。即使是同一个动作,当幅度不同时,运动员的完成情况也是不同的。相对来说完成动作的幅度较小时,运动员会因为承受的负荷较小而感到轻松一些。为了加强运动员对动作幅度的感觉,教练员要让其体验到不同的动作幅度带来的刺激,以及在完成过程中出现的身体感觉,通过加深运动员的身体感觉来提高其对动作幅度的感受力。

教练员在指导运动员的训练活动时,要让其进行不同的动作训练,使其感受到动作的幅度差异,并重复练习加深体验感,最后总结经验,自主加大动作幅度。在最初的体验阶段过去后,教练员应该尽可能让运动员完成大幅度的动作,巩固其运动知觉,使其深刻体会到大幅度动作的正确路线,记忆关节和肌肉的伸展程度,从而形成肌肉记忆,养成完成大幅度动作的习惯。

(二) 柔韧性训练

运动员完成动作时的幅度受到身体关节及周边组织的制约,与参与运动的组织的柔韧性有着密切关系。运动员的身体柔韧性越好,运动时关节及周边组织的伸展性越好,受限范围就越小,动作幅度的范围就越大,因此要提高动作幅度应该提高运动员的身体柔韧性,对运动员加强柔韧性的专项训练。

在柔韧性训练中,占最大比例的应该是关于肩关节、髋关节的训练。因为对于人体活动来说,这两个关节发挥着最重要的作用。提高肩关节的柔韧性需要利用手臂带动肩关节的活动,通过扩大关节的活动范围来提高柔韧性,具体的动作有双手握肋木直臂压肩、双手上后握肋木向前探肩等;提高髋关节的柔韧性的关键在于扩大髋关节的活动范围,可以通过练习体后屈及挺髋的动作达到训练目的。

五、基本组合动作训练

(一) 上肢组合训练方法

将竞技健美操的基本字形和基本手臂动作编成小套路，原地站立配上不同速度的音乐进行上肢动作练习。注意选择的动作要符合竞技健美操的特点，并且要规范、横平竖直、左右对称。

(二) 下肢组合训练方法

将竞技健美操七种基本步伐以及各种跑跳步组合起来配上不同速度的音乐进行原地或行进间的练习。初练者可以先原地进行单个步伐的重复练习，重点掌握正确的动作规格；当各种步伐都熟悉地掌握之后，可以交替地进行各种步伐的练习（例如每种步伐练习四个八拍，然后换另一种步伐，不间断地进行交替练习）。

(三) 上下肢组合训练方法

健美操的每一个动作几乎都是上下肢配合完成的，因此上下肢动作形成正确的动力定型之后，要将上下肢动作配合起来进行练习。注意练习时选择的动作组合难度要符合循序渐进的原则。

第四节 竞技健美操难度动作训练

一、起跳训练

起跳方式大致可以分为两种，第一种是用单脚起跳，第二种是用双脚起跳。但是不管竞技健美操运动员在运动的过程中选择哪种起跳方法，屈膝之后再蹬离这一过程是必不可少的。假若运动员想让自己的起跳动作更加完美、质量更高，就要在开始完成屈膝动作，实现对身体的缓冲；接下来要用双脚发力、猛地蹬地，同时寻找最合适的角度，增强起跳效果。运动员为了在比赛时使自己的腾空动作达到尽可能高的高度，尽量保证起跳方向的准确，就应该灵活地应用自己的下肢，合理充分地借助腿部力量完成动作。比如，在屈膝蹬离时，应该保证上下肢拥有最快的速度，而且这一过程中还要进行伸展，这样才能保证运动员有足够的蹬地力量。

二、腾空训练

运动员需要在腾空的时候完成各种具有高难度系数的空中动作技术，同时还要保持健美的姿态，将整个动作的实现过程完整地表现给观众。在实际的健美操中，腾空技术动作种类非常多，细节上的内容繁杂，这就需要运动员对自身身体的各个部位进行灵活的控制和支配，保证不同的身体部位都能协调分工、有序投入状态。按照国家最新出台的标准和规则，运动员在空中完成各种不同的动作时，不仅要准确、连贯、优美，还要保证裁判可以准确地对不同动作技术进行分辨。因此，积极地提高运动员的动作质量，有效把控比赛选手在空中的姿态是训练中必须重视的因素之一。

三、落地动作训练

结合生物力学的相关知识，竞技健美操落地可以划分为着地和缓冲两个阶段。落地技术有三种：一种是脚落地，一种是俯卧撑，还有一种是劈叉落地的方式。脚落地技术可以使用单脚，也可以使用双脚；俯卧撑落地技术可以使用单臂，也可以使用双臂。在落地时，运动员需要保证两肩支撑与地面平行，要遵循基本的竞技规则，保证手与脚同时地接触到地面、离开地面。不管运动员选择用单脚技术还是双腿技术，他们都需要借助腿部力量实现对身体的缓冲与支撑。在落地的过程中，运动员的重心要顺应身体的惯性逐渐从前脚转换到脚掌。脚掌落地后，身体的重心应该稳定，应该始终处于平衡状态，这样不仅能为整个动作加分，还可以最大限度地减少落地动作给关节与肌肉带来的冲击损伤。在俯卧撑落地时，身体整个落下之后再撑起，通过弯曲手臂和手腕来对身体进行缓冲是非常有必要的。在这一过程中，运动员的胸肌和背肌充当了"缓冲垫"的角色，作用非常明显。[①] 劈叉落地时，运动员的双腿肌肉要处于适当紧张的状态，但不能过于紧张，避免造成骨骼损伤。为了避免运动员在这个过程中出现滑叉现象，双腿伸直是不可忽视的技术要领；为了控制膝关节的损伤程度，在落地时手臂要及时在地面形成支撑，让身体重心稳下来。不管运动员选择哪一种落地方式，都应该要善于控制自己的肢体，以保证身体稳定。

---

① 杨雨霖. 竞技健美操 C 组难度动作训练方法研究［J］. 新体育·运动与科技，2021（2）.

第五节　竞技健美操教学中的运动损伤

一、竞技健美操教学中运动损伤的种类

（一）关节损伤

我国高校竞技健美操运动员的运动损伤以关节损伤为主，由于这项运动的高难性和复杂性特点，使这项运动的运动员在进行训练和比赛的时候很容易出现关节的扭伤、挫伤等，其中损伤发生较多的部位是踝关节、腕关节、膝关节、肘关节，由于健美操运动支撑和跳跃动作居多，而跳跃落地之时踝关节是很容易发生损伤的，而在跳跃之后的支撑动作中，腕关节发生损伤的概率也非常高，而静态支撑动作对于运动员腕关节的压力也非常大，稍有不慎也很容易造成腕关节的损伤。膝关节与踝关节类似，往往都是在运动员做跳跃动作时候容易发生损伤的部位，竞技健美操运动中运动员的膝关节损伤相比于篮球等运动项目而言，虽然在伤害程度上会略有不同，但一旦发生损伤也会给运动员的竞技水平造成很大的影响。

（二）肌肉损伤

肌肉损伤是许多运动项目之中经常会发生的一种运动损伤，主要表现为肌肉拉伤、肌肉撕裂，这类损伤通常会发生在训练之中，在比赛之中发生的概率相对较小。在日常训练之中运动员由于热身不充分或训练过度等原因，肌肉很容易出现轻微拉伤状况，而如果无视此类状况继续坚持训练则容易出现肌肉撕裂。

竞技健美操运动中腰部损伤是较为常见的一种肌肉损伤，经常出现在运动员做负重力量训练或托举等负重动作练习之时，这种肌肉损伤通常表现为慢性损伤，对于运动员的竞技状态保持有非常大的危害。除了腰部损伤之外，大腿、小腿等部位也是肌肉损伤出现较多的部位。

（三）韧带肌腱损伤

韧带以及肌腱的损伤同样也是竞技健美操运动中发生概率很高的运动损伤，此类伤病多伴随着关节损伤而发生，如踝关节损伤发生时，韧带损伤的概

率要明显高于关节损伤，腕关节、肘关节同样也是如此。虽然膝关节的运动损伤中，关节损伤的概率要明显高于韧带损伤，但是膝关节由于生理结构的特殊性，韧带损伤的危害程度是要远高于关节损伤的，其中十字韧带、半月板等都是膝关节中较为容易受伤的部位。而这两个部位一旦发生损伤极容易影响运动员的竞技状态，并且这两个部位的损伤还存在着易反复的特点，很多运动员在遭受了膝关节十字韧带或半月板损伤之后，竞技状态下滑十分明显，而且伤病恢复之后也很难回到伤病之前的竞技状态。[①]

二、竞技健美操教学中运动损伤的特点

（一）损伤部位多样性

竞技健美操运动员，实际参与各项训练活动的过程中，肩膀、手腕、手臂、腿部、脚踝、腰部、颈椎、腰椎等都会出现损伤的问题。从这个层面可以看出，竞技健美操运动的损伤部位展现出明显的多样性特征。同时，从损伤组织器官的维度来看，健美操运动员的关节、软组织、肌肉、韧带、皮肤等，都会因不同动作的伸展、不同强度的体能训练等，而出现不同程度的损伤。其中，运动员发生关节挫伤的概率较大，且大多数情况下都是突发性的损伤。

（二）损伤条件不确定性

损伤条件的不确定性，主要指的是健美操运动的时间、场地、周期等存在一定的不确定性。其中，时间要素的不确定性尤为明显。如训练的时间可以发生在任何时间段，损伤的时间与时段是无法提前预测的。无论是在训练前的准备时期，还是正在训练环节，都存在引发身体损伤的风险要素。甚至，运动员在竞技的过程中，更会存在较大的安全风险与身体损伤的各种隐患。而当外来因素不可预测时，若想最大限度地降低损伤的可能性，应注重提高运动员自身的防护意识。

（三）损失原因复杂性

竞技健美操运动的损伤原因具有一定的复杂性，而造成结果的因素是多样的、不完全可控制的。具体来说，损伤的原因主要包括直接原因与间接原因。

[①] 洪启焕. 浅谈高校竞技健美操教学中运动损伤的特点及技术性预防[J]. 黑河学院学报，2020（6）.

而运动员自身的身体素质、意识形态、行为动机等，都属于造成损失的直接原因。而训练场地、训练强度、训练方法、技术错误等，都可以归类为间接原因。但无论是直接原因，还是间接原因，都是人力与科技所无法完全掌控的。只能在一定的范围内尽量做好防护与预防，将身体损伤降至最低，并尽量降低引发安全风险的概率。①

三、竞技健美操教学中运动损伤出现的原因

（一）运动员技术动作不规范

运动员技术动作不规范是造成运动损伤的一个重要原因，因此为了有效预防竞技健美操教学中的运动损伤就必须培养运动员的规范意识，确保运动员在训练和比赛的过程之中一定要按照规范进行技术动作和身体姿态的训练。但是实际情况却是因为知识水平的落后和认知不够科学全面，很多教师在训练的时候为运动员训练了很多偏向极端的技术动作和身体姿态。这些动作和姿态的存在使得运动损伤情况出现的概率大大提高。一旦运动员出现技术不够熟练或者做得不够规范的情况，那么他就很有可能会出现运动损伤。在高难度动作泛化教学阶段由于技术要求水平比较高，一旦运动员出现肌肉力量不够或者动作不够和谐或者发力时间和方法掌握得不够准确等情况就都会导致运动损伤情况的出现。而且竞技健美操这类高难度动作还比较多，因此出现运动损伤情况的概率也就大大提高。

（二）运动员准备活动做得不够到位

准备活动不到位是造成运动员出现运动损伤情况的又一重要因素。竞技健美操训练和比赛之前进行充足的准备活动是特别必要的。但是有很多人都对准备活动存在有一定的轻视心理。很多人在比赛或者训练之前没有进行准备活动的习惯或者准备活动进行不到位，这样一来就很容易造成运动员在训练或比赛过程之中出现肌肉拉伤和关节扭伤的情况。准备活动不到位的话那么运动员的神经系统和各个器官之间的组织协调功能就不能完美契合。所以准备活动不到位的时候就不能发挥出准备活动的功能作用。此外，也存在准备活动过量造成运动员肌肉劳损处于不佳状态的问题。

---

① 汪雨鑫. 竞技健美操运动损伤特点及预防对策研究 [J]. 文体用品与科技，2021（9）.

(三) 训练场和装备选择方面存在问题

训练场地的选择和运动员的装备选择都会对竞技健美操出现运动损伤的情况产生巨大的影响。一般来说，纯木地板是竞技健美操训练和比赛最好的选择。纯木地板具有一定的弹性可以很好地降低运动员的身体和地面之间的冲击力。但是在实际训练的场地之中很多时候因为价格的原因而采用了大理石和瓷砖或者水泥。这样的地面硬度太高所以弹性相对来说也很差，这样一来就使得运动员出现运动损伤的概率大大增加。此外，这样材质的地面还会造成学生出现各种各样急性或者慢性的运动损伤。

在进行竞技健美操训练和比赛过程之中不可避免地会出现很多连续跑、跳的动作。这些动作都包含有一定力量的冲劲并对运动员的身体产生一定程度的影响。所以运动员在训练的时候应该有一双性能良好的鞋用以吸收在运动过程之中产生的冲击力。因此运动员对鞋有一些比较特殊的要求，其必须能够吸收运动员在运动过程之中反复出现的各种冲击力和比较强烈的震动，同时要最大限度地降低运动员的损伤。但是很多运动员在进行竞技健美操的训练和比赛过程之中并没有对鞋子给予足够的重视，很多时候训练场地上会出现球鞋、体操鞋等各式各样的鞋子。穿着这些不符合要求的鞋子进行大量的运动训练很容易对运动员的身体产生极大的消极影响，而且很容易让学生变得疲劳。而长时间的疲劳也会加大运动员出现慢性损伤的可能性。

四、竞技健美操教学中运动损伤的预防策略

(一) 增强运动员安全意识与自我保护思想

面向竞技健美操运动员开展的训练活动，具备一定的长期性与复杂性。而引发运动员身体造成损失的原因展现出明显的多样性，无法确保全程保证他们不会受到外来因素的影响。因此，必须注重从个体自身的思想意识出发，对他们进行积极、正确的引导。即注重增强健美操运动员的安全意识，引导他们逐渐形成较强的自我保护思想。这样，在日常的体能与技能训练中，保证运动员有意识地规避可见与可预测的损伤风险。同时，教练应教会运动员具体的方法，令他们利用自身的身体平衡性、快速反应能力躲避可能出现的安全问题。例如，教练应引导运动员全面地了解常见的损伤原因与规律，令他们在潜意识当中能够感知周围环境的变化情况。倘若因地面打滑而使身体失去平衡时，使他们学会科学地顺势缓冲，而不是毫无准备地滑倒。而在面对身体失衡的跌倒

问题时，应告知运动员避免强行站立，否则会给身体造成不同程度的损伤。而在对健美操运动进行安全防范意识教育的过程中，教练员必须将防范措施与应对方法进行系统地讲解。通过不断地进行模拟训练，令运动员真正掌握自我保护的诀窍与方法。更重要的是，基于这样的训练，可以强化运动员的自我保护意识。由此，使运动员在实际参加训练的过程中，能有意识地做好防范的措施，并及时地应对相应的突发状况。真正实现防患于未然，确保健美操运动员安全、科学地进行各项训练。除此之外，应引导运动员相互进行保护，在出现安全风险时可以彼此扶持，尽可能地规避可能出现的安全事故。

（二）动态化提升运动员的身体素质

从某种角度来说，运动员身体出现损伤的情况，既与训练的强度有一定的关联，也会与运动员自身的身体素质有密切的关系。尤其，对于有明显薄弱环节的运动员，他们出现损伤的概率相较而言会更高。从健美操运动训练的特点与内容上也可以看出，当运动员的身体素质无法达到良好的状态或既定的标准时，也极有可能出现其身体损伤的问题。如，在实际开展训练活动的过程中，会更注重对健美操运动员的柔韧性、平衡性、协调性等方面进行训练，使他们的身体潜能尽可能地发挥出来。尤其，在进行力量与耐力训练的过程中，若部分运动员不懂得如何利用巧劲进行训练，很可能会造成膝盖、肩膀等关键部位的损伤。而对于身体平衡性不好的运动员，教练应给予针对性的指导与训练。否则，在训练的过程中，运动员会因身体失衡跌倒而出现损伤四肢、脚踝等问题。基于这样的思考，教练员必须对健美操运动员的身体机能、身体素质等进行全面的了解。结合人体工程学、体育运动学、医学等理论知识，制定科学、完善的训练方案。并将运动员身体损伤的预防方案归纳到体能训练体系中，在每一项训练的环节与流程，都能以安全第一为原则，推进具体的训练工作。尤其，面对身体有明显短板的运动员，应制定针对性的损伤应对方案，使他们在做好防护与自我保护的基础上，引导他们积极地、科学地参与到体能训练中。同时，教练员应该恰当地利用辅助工具，对健美操运动员的灵敏性、身体协调性等进行科学的训练。

（三）完善医学观察与监管体系

关于竞技健美操运动员损伤问题的预防策略的制定，不仅要在体能、技巧训练等方面做好防护，还应利用医学手段与制度策略，最大限度地降低危害发生的概率。尤其，对于带病、带伤训练的情况，相关人员应对这一现状进行全面的分析与研究。在不影响正常训练、运动员自我能力提升、自我价值实现的基础上，应尽量避免疲劳训练，甚至以牺牲身体健康为代价换取健美操技能的提升。即便是运动员自己的意愿，教练员也应进行科学、合理的处理。基于这样的现实问题，可以通过完善医学观察与监管体系，令运动员以健康的心态与心理参与各项训练活动。基于医学观察，全面了解每一位运动员在不同时期、不同阶段的身心状况。并根据实际情况，制定不同层次的训练计划。若运动员的身体无法胜任强度体能训练，应暂时引导他们进行简单的技巧性训练。而当健美操运动员的上肢出现明显的疲惫或损伤时，需组织他们更多地进行下肢的力量训练。而基于明确的医学观察结果，管理人员需要对运动员的训练进行监督与管理。严格按照医学建议与训练制度，循序渐进、科学地开展健美操运动训练计划。当然，监管体系的制定，不单一地面向运动员，应对管理者、教练、医务人员进行全面的监督与管理。确保在各个工作内容、工作流程上都能规范化、标准化地进行，尽量避免出现运动员身体损伤的问题。利用医学与制度手段，进行全面、全方位的预防，构建一个安全、健康、良好的训练环境。特别是当运动员身体出现明显的症状时，如，极易疲劳、晨脉过高、心跳加速等，应及时安排他们就医，切实查到引发问题的原因，并进行对症的处理。直至身体各项指标符合正常训练标准时，才能对运动员进行不同内容的健美操训练。由此，将健美操运动员的身体损伤降至最低。

（四）优化运动员训练的环境

训练方法、训练器材、训练理念、训练环境等，都是竞技健美操运动训练的关键要素。在对训练体系进行不断完善的过程中，应注重优化与改善实践训练的环境。尤其，对健美操运动员做力量训练、身体平衡性训练时，对训练场地有着不同的要求。如身体平衡性与动作协调性进行训练时，应确保地面平整，并具备一定的弹性。这样，当运动员根据动作要求脚步发力时，可以避免因地面过硬而造成脚踝与腿部肌肉损伤的问题。同时，在对健美操运动员进行动作技能训练时，应保证训练场地的宽阔，且不能有尖锐物体的存在，并确保地面不能产生过人的摩擦力。否则，健美操运动员的动作幅度过大时，易被周围的物体阻碍而造成身体损伤。因此，必须注重训练环境的优化与完善，创建一个舒适、安全、适宜的训练场景。同时，在运动员的着装方面应制定科学的制度与规范，避免他们穿着过硬、过紧的衣服，也不允许身体佩戴尖锐的装饰与首饰等。应尽量以运动服、T恤衫为主，保证衣物柔软舒适、透气吸汗。基于此，在保证动作的舒张性与张力同时，避免运动员出现受伤的问题。除此之外，训练场所中应备有矿泉水、急救箱等，对小伤、小病进行及时、有效的处理，真正做到科学、细致化地预防，使健美操运动员在提高技术、技能、身体综合素质的同时，保证身体与心理的健康。

(五) 加强力量训练

力量是几乎所有竞技运动的根本，良好的肌肉力量不仅有助于健美操运动员完美地完成动作，同时也能让运动员在完成动作的同时保护关节以免受到损伤。很多关节伤的发生其实都与发力不及时或发力不足有关。健美操运动的很多动作都需要运动员具备很强的肌肉力量和爆发力，这决定了力量训练在健美操运动之中的基础性地位，而关节面临的巨大压力也会由于肌肉力量的提高及发力技巧的改善而得到很大的缓解。[1]

我国大学生健美操运动员在进入大学接触健美操运动之前往往都不具备职业运动训练的经历，因此，学生的肌肉量及身体运动能力其实并不是很理想的，虽然很多教练都尽可能地去选择一些力量和运动能力都很好的学生，但由于不同学校生源质量的不同，很多学校的健美操教练也很难选拔到称心如意的大学生运动员。而根据对大学生健美操运动员运动损伤情况的统计结果显示，由于力量方面原因而导致的损伤其实是占到很高的比例的。

(六) 合理安排训练

竞技健美操运动慢性运动损伤多于急性运动损伤，虽然二者只是伯仲之差，但经过分析了解到很多急性运动损伤都是由于慢性运动损伤的积累而导致的。而运动员的慢性运动损伤很多都是来自训练之中，训练安排不合理、热身不充分、训练结束后没有及时拉伸和放松等，这些都是导致运动员出现慢性运动损伤的根本性原因。教练要尽量避免运动员在训练之时出现类似的情况，即便是训练任务再重也要敦促学生做好热身、训练后放松和拉伸等，最大限度地避免运动员出现慢性运动损伤。

(七) 加强多项综合技术训练

竞技健美操运动具备复杂性和高难性的特点，这主要是因为这项运动是非常依赖技术的，而且是多种技术的综合性运用，如发力技术、身体姿态控制技

---

[1] 洪启焕. 浅谈高校竞技健美操教学中运动损伤的特点及技术性预防 [J]. 黑河学院学报, 2020 (6).

术、落地缓冲技术、呼吸技术、拧身技术、重心转移技术等。这些技术的合理掌握和准确运用是运动员完美完成各项高难技术动作的基本前提。如落地缓冲技术，众所周知这项技术是避免关节伤的关键，健美操运动跳跃动作非常多，踝关节和膝关节的压力是可想而知的。另外发力技术的合理运用也能有效保护运动员的肌肉和关节。其他技术对运动员在训练及比赛过程中的身体防护都有非常关键性的作用，教练要重视这些基本技术的训练，只有重视基础才能有效地确保运动员能够保持一个良好的竞技状态，才能最大限度地避免运动损伤。[①]

（八）改善训练场地，坚持配套保护器具

训练场地不平整，地面过硬、训练着装不到位等都是造成学生在开展竞技健美操训练时发生运动损伤的重要因素之一。为了确保高校竞技健美操教学活动的顺利开展，首要任务就是将安全隐患消灭在萌芽状态，降低运动损伤的发生率。因此，高校应当改善练习场地，完善基础设施，加大对运动鞋、护膝、护腕等用具的投资力度，同时选择相对平整、安全的场地开展训练。此外，在立足教学大纲的基础上，要根据学生的身体素质、机体功能等各方面因素，合理安排健美操训练强度与密度，严防出现局部负担过重的现象，尤其是要加强对局部薄弱部位的保护，尤其是在学生出现疲劳、高压等情况下，不宜加大训练量。在每次训练过程中，教师要严格要求学生配套保护器具，一方面借助这些护具能够消除学生的恐惧心理，增强其练习信心；另一方面也能够对学生的机体起到保护作用。

（九）规范动作技术

技术是否到位与身体姿态是否标准是预防运动损伤的重要保证，在教授难度动作时，尤其是高难度、高强度的连续性动作时，必须要加强对动作技术细节的强调，确保学生在掌握基本技术原理的同时，也要关注自身的身体姿态、发力方向等技术细节。我们都知道，在竞技健美操中跳起落成俯撑类是难度系数较大的技术动作，但是同时也极易对学生的手腕关节、脚踝关节造成损伤。以基础难度屈体分腿跳转俯撑动作为例，这一动作要求学生在垂直起跳的同时屈体分腿，并要求双腿与上肢夹角小于等于90°，身体前倾，落地时呈俯撑姿势。动作难点在于分腿后身体需要迅速前倾、提腰、收腹，并快速向后并脚，

---

① 李文文. 大学生竞技健美操运动员运动损伤的特点及技术性预防研究［D］. 济南：山东师范大学，2019.

手脚需同时落地，且身体其他部位不得接触地面。因此，起跳前身体所呈的姿势是整个动作是否成功的关键，如果在起跳前上身前倾或后仰，就可能造成学生的最后落地时，手脚无法同时接触地面，从而导致出现腕关节、踝关节发生损伤。要想有效避免这一问题，在教学过程中，可以采取分步教学的方式，首先教学对起跳前上身预转姿势进行讲解练习，接着指导学生在高垫上练习屈体并腿动作，然后顺势向地垫滚落形成俯撑姿势。通过循序渐进、分解教学的方式，对每一个技术细节进行着重讲解，能够在很大程度上避免关节损伤现象的发生。①

---

① 倪振华. 浅谈如何预防高校竞技健美操教学中的运动损伤 [J]. 体育风尚，2019（5）.

第八章　流行健美操训练与教学指导

健美操是一种有氧运动，是融合了体操、音乐、舞蹈、娱乐、健身为一体的体育运动。在20世纪60年代的时候健美操开始萌芽，随着时间的推移，人们的精神生活逐渐丰富，非常多的人开始选择健身，而健美操作为体育运动，尤其是流行健美操，深受人们的喜爱。

第一节　有氧拉丁操

一、有氧拉丁操的起源与发展

有氧拉丁操是火热动感的拉丁舞与极富活力的有氧健身操有机结合的一种健身操，它源于国标中的拉丁舞，但不强调基本步伐，而是强调能量的消耗，令人获得精神上和身体上的舒展。有氧拉丁操是由拉丁舞演变而来的。[①] 拉丁舞的全称是拉丁美洲舞，这种舞蹈在拉丁美洲非常流行，它最早源于非洲，后来与欧洲南部的舞蹈音乐结合，并由拉丁语系的移民带到南美洲（又称拉美洲），与当地的土风舞相互融合，逐渐形成了如今的伦巴、恰恰、桑巴、牛仔、斗牛等新的舞种，现今拉丁舞已经风靡全球。

有氧拉丁操是在有氧操的基础上加入舞蹈的动作，并吸取伦巴、恰恰、桑巴、牛仔、斗牛中的节奏与激情，去除其中受规则限制多的成分，让练习者尽情领略和释放自己的身体。

有氧拉丁操虽然源于拉丁舞，但与拉丁舞却有很大的区别，其主要表现为以下几个方面。

（1）有氧拉丁操属于健美操，强调的是能量消耗，对动作的细节要求不

---

① 康丹丹. 高校健美操教学与创新研究 [M]. 北京：北京工业大学出版社，2019：171.

高,注重的是运动量和对髋、腰、胸、肩部等关节的活动;而拉丁舞属于体育舞蹈,对专业性要求很高,对基本步伐的要求很高,讲究艺术感。

(2) 有氧拉丁操不受人数限制,单人、多人均可;而拉丁舞则需要两个人的合作。

(3) 有氧拉丁操的动作简单,以健身步伐为主,拉丁风格的动作和步伐较少;而拉丁舞有 5 个舞种,拉丁风格鲜明,并且动作各异。

(4) 有氧拉丁操的音乐常用迪斯科的节奏加上拉丁风格的配器;而每种拉丁舞都有自己独特的音乐节奏。

近几年,有氧拉丁操如雨后春笋般地流行在各健身俱乐部,深受锻炼人群的喜爱,甚至有部分高校也列入此门课程供学生选修。随着全民健身的实施与推广,国家体育总局每年都会举办各种特色项目的培训班,让喜爱健身的大众群体更加深入地了解有氧拉丁操。

二、有氧拉丁操的特点与功能

(一) 有氧拉丁操的特点

(1) 在练习过程中,有氧拉丁操注重运动量的控制和能量的消耗,加强对髋、腰、胸和肩关节的练习,特别是对髋部灵活性的训练。

(2) 在动作细节上,有氧拉丁操减少了专业拉丁舞的规范和双人配合的要求,更多地结合了健美操的基本步伐,使其更具健身性和普及性。

(3) 有氧拉丁操的音乐热情奔放,充满激情,通常用迪斯科的节奏加上拉丁风格的配器。

(4) 有氧拉丁操属于有氧健美操,其跳跃类动作较少,运动强度和运动负荷处于有氧运动范畴,因而运动中和运动后不会导致过度疲劳,增加了练习的安全性。

(5) 有氧拉丁操具有较高的艺术性和观赏价值。迪斯科的音乐节奏加上拉丁风格的配器,使得有氧拉丁操的音乐热情奔放,风格明显,能使人在练习的同时感受到异域的文化;同时有氧拉丁操以拉丁舞为基础,吸收了大量的拉丁舞动作风格和特点,从而使其动作具有较高的艺术性和观赏价值。同时,也可以提高练习者创造美、欣赏美的能力。

(二) 有氧拉丁操的作用

(1) 有氧拉丁操主要是多关节运动,由于一般健身运动中不怎么进行的腰部和腹部运动增加,在改善腰部柔软性和身体的调整上起着重要的作用。

（2）有氧拉丁操是以拉丁舞为基础的，大量吸收了拉丁舞的风格和特征。它不仅具有减少脂肪、塑造身材的运动价值，还具有很强的欣赏性和表演性。

（3）通过有氧拉丁操运动，运动者可以达到减少脂肪塑型的作用，也可以提高练习者创造和欣赏美的能力。

三、有氧拉丁操的健身动作

有氧拉丁操主要由四部分组成：热身、有氧运动、放松和伸展运动。其中，热身的部分主要以运动者局部性灵活运动为目的。有氧运动的主要目的是减少脂肪，提高心肺功能。松弛和伸展的部分主要是在运动期间松弛运动者形成的肌肉，延伸肌肉线和运动后避免痛苦。从技术动作的角度看，有氧拉丁操不是很难，但参与者必须学会正确的运动方法和节奏。总的来说，有氧拉丁操的顺序是：从下到上，从内到外，从足到腿，从腰到身体，朝着身体的地面的反力所造成的。而胳膊的运动从身体的内力向外伸展。并且，完成身体的全部部分的调整的力量是好的运动的关键。例如，在这个基本的操作中，当腰部向右旋转的时候，身体应当向左转。也就是说，左右两个侧面应该形成对立状态。有氧拉丁操的基础空中训练在技术运行中占有非常重要的地位，学习时要注意。接下来介绍几个基本的有氧拉丁操练习动作。

（一）抖肩

做抖肩动作时，健身需要手臂直侧漂移，五指分开，手掌向前，左肩前方上部，右肩后方展示，其次是右肩前方上部，左肩后方展示。

（二）曼波步

这个步伐在传统的健美操中也被使用。节奏均匀，可以与前方、后方、横向或者旋转运动组合执行。在这个技术动作中，用左脚一步前进，重心前移，把髋向左摆动。接下来请把体重放回右脚，然后把髋向右摆动。左脚向后回，体重回，髋向左摆动。接下来，把体重移到右脚前，把髋向右摆动。在做曼波步时，双臂屈肘于腰间自然摆动。

（三）恰恰步

恰恰的节奏是1哒2，也就是两拍三动的形式。例如，右侧恰恰步，当右脚向右侧迈出1拍"哒"时，左脚并步。用右脚再踏出一步。必须强调的是，恰恰步有很多的变化，向侧、向前、向后。可以单独或与其他步骤结合使用。可以同时走路，也可以交互走路。

(四) 桑巴步

桑巴的节奏形式也是 1 哒 2，2 拍 2 动，但与恰恰不同的是，它的"哒"节拍时间很短，动作完成后，节拍应该有短暂的停顿。以右边的桑巴步骤为例。当锻炼者在锻炼时，他把左腿向右推一步，重心右移，同时身体向左转动。"哒"左腿在右腿后面移动一步，右腿轻微弯曲，重心在左腿上抬起。将重心移到右腿，一旦移到右脚的原始位置。桑巴步还可以用于移动或连续多次使用。整个动作主要集中在髋部左右摇摆，重心移动。

四、有氧拉丁操的组合训练方法

（一）有氧拉丁操组合训练一

1. 第一个八拍

面向：1 点。

手型：五指分开。

手臂：随身体动。

步伐：1~2 拍右侧并步，3~4 拍右侧恰、恰、恰，5~6 拍右腿后伸，7~8 拍左前恰、恰、恰。

2. 第二个八拍

面向：1~4 拍 1 点，5~6 拍 8 点，7~8 拍 2 点。

手型：五指分开。

手臂：1~4 拍随身体摆动，5~8 拍手臂打开与伸腿方向相对。

步伐：1~2 拍右前恰、恰、恰，3~4 拍左前恰、恰、恰，5~6 拍右脚左前交叉点，7~8 拍左脚右前交叉点。

3. 第三个八拍

面向：1 点。

手型：五指分开。

手臂：随身体摆动。

步伐：1~2 拍右左前进两步，3~4 拍恰、恰接后屈左膝，5~6 拍后退左恰、恰、恰，7~8 拍后退右恰、恰、恰。

4. 第四个八拍

面向：1 点。

手型：五指分开。

手臂：随身体摆动。

步伐：1~2拍左侧弓步，3~4拍收左腿恰、恰、恰，5~8拍与1~4动作相反，5~6拍右侧弓步，7~8拍收右腿恰、恰、恰。

（二）有氧拉丁操组合训练二

1. 第一个八拍

面向：1点。

手型：五指分开。

手臂：1~4拍随身体左右摆动，5~8拍双手打开。

步伐：1~2拍右前摇摆步，3~4拍左前摇摆步，5~6拍踏步3次踢左腿，7~8拍踏步3次踢右腿。

2. 第二个八拍

面向：1、2、5、7拍8点，3、4、6、8拍1点。

手型：五指分开。

手臂：双臂打开与腿伸出方向相对。

步伐：1~2拍右腿向左前侧点，3~4拍右腿向右后侧点，5~8拍加快两次前后点。

3. 第三个八拍

面向：1~2拍2点，6拍5点，4、7、8拍1点。

手型：五指分开。

手臂：随身体左右摆动。

步伐：左腿右前侧漫步，5~6拍漫步右转180°，7~8拍左侧跳步右腿直踢起。

4. 第四个八拍

面向：1~2拍8点，5、8拍1点。

手型：五指分开。

手臂：自然摆动。

步伐：1~2拍右腿左前漫步，3~4拍右侧并步，5~6拍右侧并踢左腿，7~8拍后并步。

第二节　有氧踏板操

一、有氧踏板操的起源与发展

有氧踏板操是一项大众化的运动,在动感的音乐伴奏下,通过上下踏板等健美操步伐,进行有节奏的舞动,是一种以锻炼身体、修正体型、减少脂肪、愉悦身心为目的的有氧健美操锻炼形式。有氧踏板操是健美操的一种,[①] 起源于美国,随着健美操的发展而兴起。有氧踏板操由于动作简单易学,内容丰富有趣,动作节奏适中,比较容易掌握,能有效地提高心肺功能,具有独特的健身效果,深受广大健身爱好者的喜爱。我国在1991年中央电视台《健美五分钟》栏目中首次推出踏板操。此后踏板课只在一些高级饭店、宾馆的健身房中出现,直到1998年北京的健身房将踏板课作为基础健身课时,才真正将踏板操在国内推广开来。有氧踏板操非常具有挑战性和娱乐性,[②] 健身行业中由于踏板操的加入,又增加了一种特殊的锻炼效果和乐趣,新的运动方法被健身者很快地接受和喜爱。因为有氧踏板操具有动感、优美、火爆、激情的特点,以及对女性腿、臀的良好塑体作用,踏板操在健身房久盛不衰,被人们视为经典的健身方式之一。

二、有氧踏板操的特点与作用

(一)有氧踏板操的主要特点

1. 运动的安全性

有氧踏板操的安全特点表现在两个方面:一方面,由于有氧踏板操主要是在踏板上不停地上下移动,跳跃性动作相对较少,就使下肢关节具有明显的屈伸和缓冲,从而最大限度地避免了长时间跳跃造成的运动损伤。另一方面,踏板练习者要提高重心高度,要求必须使用腿、臀发力,这就有利于保护关节和韧带。

[①] 陆丹华. 新形势下高校健美操创新发展研究 [M]. 长春:吉林人民出版社,2020:91.

[②] 史悦红,纳冬侠,郭潞霞,等. 健美操运动学练与科学塑形方法指导 [M]. 北京:中国商务出版社,2018:219.

2. 负荷的可控性

有氧健身要求运动强度保持在中、低水平，而有氧踏板操很容易调节运动负荷。有氧踏板操可以通过调整踏板下的垫板高度来调节运动强度。

3. 较强的娱乐性

在健美操常见动作的基础上，加上踏板，使得动作内容大大增加。运动者可以充分利用踏板的面以及踏板的四个角来完成上、下板的连接动作或单纯的板上运动；既可以按需要将板摆成不同的位置，如横板、纵板，也可以同时利用 2~4 块踏板进行练习，从而增加了踏板动作的趣味性。

(二) 有氧踏板操的主要作用

1. 消耗能量，增加心肺功能

踏板具有一定高度，在板上完成的动作和在地面上完成的动作相同，板上要比在平地上消耗体力多。因而相对来说，更能使心肌和血管的弹性得到增强，使心脏的容量增大，提高心脏的收缩力和血管舒张能力，使心脏的功能得到充分的提高，能承受更大的负担量。同时，还能提高呼吸系统和消化系统的功能，大大地提高人体的技术水平和人体的活动能力。

2. 对腿和臀部塑形

有氧踏板操与一般的健美操不同，其是在踏板上做健美操的动作和步伐。锻炼的部位是下肢和臀部。在完成上、下板动作时，主动肌都是大腿（股四头肌）及臀部肌肉（臀大肌）。它们要克服重力的阻力，而这个重力阻力相对最大力量要小得多。因此，踏板练习属于长时间的小重量抗阻肌肉围度的练习，对塑造健美的腿部和臀部很有帮助。

3. 培养良好的感知能力

由于踏板是一个立体物，有高度、长度、宽度，所以利用它进行练习时，就不能像在平地上一样随心所欲。离板太近或抬腿不够就容易将踏板踢翻；离板太远又会踏不上板；迈步过大或踩在踏板边缘容易摔倒等都需要练习者有良好感知能力，包括对自身位置及踏板位置的感觉。因此，经常做有氧踏板操练习，是很有益于感知能力的增强的。

三、有氧踏板操运动的注意事项

1. 不适宜人群

（1）腿部有伤者，尤其是膝关节、踝关节、大腿韧带有伤者。

（2）心脏病患者和身体虚弱者，如产后者、病愈者。

2. 运动准备

（1）运动前 1 小时不要饮用食物，有需要的话，可以进食少量流质食物或易消化的蔬果。运动前半小时，可以喝 200~500 毫升饮用水。

（2）穿着轻松、透气的运动服饰，最好穿弹性好的衣服。应该穿运动鞋，气垫式的更好，这样可以起到缓冲的作用。赤脚进行跳踏板操练习，很容易损伤脚踝。

（3）充分热身。由于双踏板主要的动作是上、下板，转板，跳板等，所以要着重对大腿、脚踝进行热身，并做到充分的伸展。

3. 运动过程

（1）脚踩踏板要平，并且要踏在板的中心，以防踏板不稳定。

（2）不要将脚跟抬离踏板，"悬空"很容易扭伤跟腱。

（3）下板时脚尖应该先着地，随后脚跟落地，这样可以使身体得到缓冲。

（4）膝部不要太"僵"，而要保持弹性，防止背部扭伤。

（5）保持均匀呼吸，不要屏气。

（6）保持收腹的形态，使肌肉处于正常的活跃状态。

（7）做倾斜动作时，腰部不要倾斜，但脚踝部应该倾斜。

（8）练操时若出现腿部疲劳导致的动作不协调，身体任何部位已有明显的疼痛或头晕、心动过速等情况，应立即停止运动，合理休息。

（9）运动后要做好充分伸展，尤其是腿部与臀部的伸展。

四、有氧踏板操的组合训练方法

（一）有氧踏板操初级组合训练

1. 初级组合训练

第一个八拍动作：①步伐方面：前四拍的动作为右脚一字步上板、下板；后四拍的步伐动作与前四拍相同。②手臂方面：前四拍的动作为双臂体侧屈肘，前后自然摆动；后四拍的手臂动作与前四拍相同。③手型方面：第一拍至第八拍的动作为双手握拳。

第二个八拍动作：①步伐方面：第一拍练习者右脚上板；第二拍练习者左腿后伸并微屈；第三拍至第四拍练习者下板；后四拍的步伐动作与前四拍相同。②手臂方面：第一拍至第八拍的动作为双臂体侧屈肘前后自然摆动。③手型方面：第一拍至第八拍的动作为双手握拳。

第三个八拍动作：①步伐方面：第一拍时练习者右脚上板；第二拍时练习者左腿前伸并做吸腿动作；第三拍时练习者左脚下板；第四拍时练习者右脚点

地；后四拍的步伐动作除方向相反之外，其余与前四拍相同。②手臂方面：第一拍至第八拍的动作为双臂体侧屈肘前后自然摆动。③手型方面：第一拍至第八拍的动作为双手握拳。

第四个八拍动作：①步伐方面：前四拍时，练习者从右前方上板并吸腿一次；后四拍时，练习者从左前方上板并吸腿一次。②手臂方面：第一拍至第八拍的动作为双臂体侧屈肘前后自然摆动。③手型方面：第一拍至第八拍的动作为双手握拳。

2. 初级组合训练二

第一个八拍的动作：①步伐方面：前两拍时，练习者分别做右脚点板和下板动作；第三拍至第四拍时，练习者分别做左脚点板和下板动作；后四拍时，练习者右脚上、下板各一次。②手臂方面：前四拍时，练习者双臂体前击掌；后四拍时，练习者双臂体侧屈肘并前后自然摆动。③手型方面：前四拍拍掌，后四拍拍拳。

第二个八拍动作：①步伐方面：前两拍时，练习者右腿上板，双腿并立；第三拍至第四拍时，练习者右腿后撤下板并内转90°。后四拍与前四拍动作一致但方向相反。②手臂方面：第一拍至第八拍的动作为双臂体侧屈肘前后自然摆动。③手型方面：第一拍至第八拍的动作为双手握拳。

第三个八拍的动作：①步伐方面：前两拍时，练习者右腿上板，呈"V"字状；第三拍、四拍下板。后四拍与前四拍动作相同。②手臂方面：第一拍至第八拍的动作为双臂体侧屈肘前后自然摆动。③手型方面：第一拍至第八拍的动作为双手握拳。

第四个八拍的动作：①步伐方面：第一拍时右脚上板，第二拍时左腿前吸，第三拍时左脚点地，第四拍时右腿前吸，第五拍时左脚点地、右脚上板，第六拍时左腿前吸，第七、八拍下板。②手臂方面：第一拍至第八拍的动作为双臂体侧屈肘前后自然摆动。③手型方面：第一拍至第八拍的动作为双手握拳。

（二）有氧踏板操中级组合训练

1. 中级组合训练一

第一个八拍的动作：①步伐方面：第一拍时右脚上板，第二拍时左腿前吸，第三、四拍的下板；第五至八拍时左脚上板，呈"V"字状，下板内转90°。②手臂方面：前四拍时双臂前后自然摆动，后四拍时双臂体侧屈肘前后摆动。③手型方面：第一拍至第八拍的动作为双手握拳。

第二个八拍动作：①步伐方面：第一拍时左脚上板，第二拍时右脚上板并吸左腿，第三、四拍下板，第五拍时右脚前迈一步，第六拍时左脚上步，第七拍时转体180°，第八拍时左脚前迈一步。②手臂方面：前四拍双臂胸前屈，前后摆动；后四拍双臂体侧屈，前后摆动。③手型方面：前四拍拍掌，后四拍拍拳。

第三个八拍动作：①步伐方面：第一拍时右脚上板，第二拍时左脚上板并吸左腿，第三、四拍下板，第五拍时右脚上板，第六拍时左脚上板并后抬绕过板，第七拍时转体90°，第八拍时下板。②手臂方面：前四拍双边前后自然摆动，第五拍时胸前屈肘，第六、七拍双臂上举，第八拍垂于体侧。③手型方面：前四拍拍拳，后四拍拍掌。

第四个八拍的动作：①步伐方面：第一拍时右脚上板，第二拍左腿侧踢，第三、四拍下板；后四拍与前四拍动作一致但方向相反。②手臂方面：第一拍、三拍胸前屈肘，第二拍侧平举，第四拍置于体侧；后四拍与前四拍动作一致。③手型方面：第一拍至第八拍的动作为双手握拳、掌心向前。

2. 中级组合训练二

第一个八拍动作：①步伐方面：第一拍时右脚上板，第二拍时左腿侧踢，第三、四拍下板，第五、六拍时上板并分别侧踢左腿、右腿，第七、八拍下板。②手臂方面：第一拍、三拍胸前屈肘，第二拍侧平举，第四拍置于体侧，第五、六拍体侧摆动，第七拍胸前屈肘，第八拍置于体侧。③手型方面：前四拍拍掌，后四拍拍拳。

第二个八拍的动作：①步伐方面：第一拍时左脚上板，第二拍时左腿后抬，第三、四拍时下板，第五拍时左脚上板，第六拍时右腿后屈跳并左转90°，第七、八拍下板。②手臂方面：前两拍双臂斜上举，三拍、四拍手臂自然回落，后四拍左臂前伸侧落，右手叉腰。③手型方面：前四拍掌心向外，后四拍拍拳。

第三个八拍动作：①步伐方面：第一拍时右脚上板，第二拍时右腿后抬，第三、四拍时下板，第五拍时右脚上板，第六拍时左腿后屈跳并右转90°，第七、八拍下板。②手臂方面：前两拍双臂斜上举，三拍、四拍手臂自然回落，后四拍右臂前伸侧落，左手叉腰。③手型方面：前四拍掌心向外，后四拍拍拳。

第四个八拍动作：①步伐方面：第一拍时从左侧双腿跳上板，第二拍时在踏板上小跳一次，第三、四拍时下板；第五拍时从右侧跳上板，第六拍时踏板上小跳一次，第七、八拍时下板。②手臂方面：除四拍和八拍外，双臂上伸。③手型方面：第一拍至第八拍的动作为双手握拳。

(三) 有氧踏板操高级组合训练

第一个八拍的动作：①步伐方面：第一拍时右脚上板，第二拍时左脚上板并吸左腿，第三、四拍时下板，第五拍时上板，第六拍时左腿侧踢，第七、八拍时下板。②手臂方面：前四拍时双臂体侧屈肘自然摆动，后四拍时双臂胸前做交叉外绕动作。③手型方面：前四拍时拍拳，后四拍时拍掌。

第二个八拍的动作：①步伐方面：第一拍时上板，第二拍时左腿上板并吸右腿，第三、四拍下板，第五、六拍左脚前迈同时右腿屈膝做90°转体动作，第七、八拍并步收尾。②手臂方面：第一拍胸前屈肘，第二拍右臂侧举，第五、六拍左臂前伸、右臂上举，第七、八拍侧平举。③手型方面：前四拍双手握拳，后四拍双手十指并拢。

第三个八拍的动作：①步伐方面：第一拍时左脚侧点踏板左边，第二拍时左脚侧点踏板右边，第三、四拍下板恰恰，第五拍时右脚上板，第六拍时左腿侧踢，第七、八拍下板。②手臂方面：第一拍至第八拍双臂随身体节奏自然摆动。③手型方面：双手握拳。

第四个八拍的动作：①步伐方面：第一拍时右脚上板，第二、三拍时左腿侧踢并做后绕动作，第四拍时下板，后四拍分别做左、右腿绕板恰恰。②手臂方面：第一拍胸前屈肘，第二拍双臂侧平举，第三拍双臂上举，第四拍双臂垂于体侧，后四拍双臂随身体节奏自然摆动。③手型方面：前四拍掌心向外，后四拍拍拳。

第三节　有氧搏击操

一、有氧搏击操的起源和发展

有氧搏击操是韵律搏击的一种形式。有氧搏击最早起源于美国，[①] 它是由曾7次获空手道世界冠军的美国著名运动员比利·布兰克斯创造的，主要以拳击、散打、空手道的一些动作组合为基本内容，[②] 其步伐和姿势源于自我防卫训练，手臂动作主要借鉴了拳击的动作特点，腿部动作则以跆拳道的腿法为基

---

① 李华. 当前健美操运动技巧及教学研究 [M]. 北京：中国商务出版社，2019：234.
② 王姝燕. 全民健身与健美操研究 [M]. 天津：天津科学技术出版社，2018：213.

本动作，在音乐的伴奏下，进行的有氧锻炼。该运动后来传入亚洲，并融合了跆拳道、武术等多种动作。

有氧搏击操因受到众多健身爱好者的欢迎而风靡世界。近几年，随着我国人民生活水平的提高，人们的健身意识不断增强，有氧搏击操在国内迅速发展起来，它作为一个新的健身概念不仅成为健身房里的热点健身项目之一，而且成为备受大学生喜爱的一项高校时尚健美操运动项目。

二、有氧搏击操的作用

1. 有益身心

（1）有氧搏击操以有氧练习为基础，注重健身的全面性，能全面锻炼练习者的心肺功能和运动素质。

（2）持续进行有氧搏击操练习，可以加速交感神经系统的兴奋性，促进相关腺体的分泌，对心血管系统和呼吸系统机能的改善有着积极的影响。

（3）另外，有氧搏击操大幅度的动作可以使肌纤维反复牵拉，从而增加肌肉的柔韧性和弹性。

（4）有氧搏击操灵活多变地移动，可以提高机体的灵敏素质。

（5）有氧搏击操中，快速有力的踢、蹬等动作可以提高机体的协调性、平衡感和身体耐力，从而改善人体的综合健康水平。

（6）有氧搏击操锻炼可以使人精力旺盛，自信心得到提升，以饱满的精神投入日常工作和生活中。

（7）有氧搏击操积极主动的攻击能消除人们的自卑感，提升他们的自信心。

2. 塑形美体

（1）有氧搏击操的动作丰富多变，要求准确快速地做出蹬腿、出拳、转腰等各种动作，还要求有爆发力，因此可以使上下肢得到充分锻炼，雕塑出优美的肌肉线条。

（2）在有氧搏击操中，动作几乎都要求腰腹在一定控制的基础上发力，因此不但可以增强腰腹部的力量，也可以美化腰腹部的曲线。

3. 自我防卫

有氧搏击操吸收了大量拳击、自由搏击、跆拳道等项目中的攻击性和防御性动作，具有其他有氧练习所不具备的自我防卫作用。

4. 减肥瘦身

（1）有氧搏击操强调速度和力度的完美结合，快速移动、迅速有力的挥摆以及大幅度的肢体伸展，这些都会增加运动的强度和运动负荷，使练习者消耗大量的能量，达到全面有效的减肥作用。

（2）有氧搏击操练习，需要保持下肢灵活移动和腰腹肌的协调用力，所以对消耗腰腹和下肢部位的皮下脂肪有显著的效果。

三、有氧搏击操的健身动作

（一）有氧搏击操的基本拳法

1. 直拳

可以在平行站立和前后站立两种站立姿势上出拳，无论哪种站立姿势都要腿先发力蹬转，然后腰用力，最后是手臂用力。[①]

动作要领：手臂直接打出的同时，旋转拳，手心向下，注意手臂不要完全伸直，这样可以保护肘关节不受伤害。直拳按位置可以分为右或左拳，正或侧拳的高、中、低三种。

2. 摆拳

摆拳的站立姿势和发力与直拳完全相同。

动作要领：手臂平抬随身体的扭动画弧线，手臂始终保持弯曲，手心向下。

3. 勾拳

勾拳的站立姿势和发力与直拳相同，不同的是腰部首先要向反方向扭转并压低上体。

动作要领：发力出拳，手臂始终保持弯曲，拳心向后。

4. 劈

劈时脚下可以马步也可以弓箭步。

动作要领：手劈一般是用掌，是腰部首先用力带动手臂，可以横劈或下劈。横劈时，手臂由头后与肩平行画弧线停在身体正中，手下劈时，手臂则由头后从上至下停在与肩同高的位置。

5. 肘击

一般采用平行站立，用肘关节进攻，可以分为横击、后击和下击。

动作要领：以右手横击为例，左脚首先蹬地，移动重心至右脚，腰部发力向右移动，左手掌推右手拳至右侧，最后力量到达关节，而左下击时要先高抬手臂，右侧腰拉长，然后腰用力收缩，肘下压。

[①] 符雪姣. 健美操和体育舞蹈的审美价值与健身价值研究［M］. 长春：东北师范大学出版社，2019：269.

6. 搁挡

搁挡时，脚下可以马步也可以弓箭步。

动作要领：做搁挡时，马步尽量要低；弓箭步弯曲腿要注意膝部弯曲的角度不要过大超过脚尖，也就是步幅要大。

（二）有氧搏击操的基本腿法

有氧搏击操的基本腿法动作有多种形式，踢腿方法不同，用力也不同，相同的是都要腰部用力。常见的踢腿动作如下。

（1）前踢。动作方法：前后站立，后脚由膝盖带动直接前抬，然后小腿弹出，脚尖下压。动作完成后，先弯曲小腿回到抬腿的姿势再收回。左或右侧前踢的高度可以分为高、中、低，相对难度依次递减，练习者可以根据自身的情况选择高度。

（2）侧踢。动作方法：以右腿侧踢为例，平行站立，左脚先扭转脚跟向右侧，然后抬右腿，大小腿夹紧，大腿贴近上体，脚外侧拉长，最后向右侧踢腿，动作完成后，先弯腿回到抬腿的姿势再收回。侧踢时，髋关节、膝盖、脚应在一条直线上，练习方法和前踢、横踢相同。

（3）横踢。动作方法：前后站立，后脚先扭转脚跟向前，然后顶髋转体抬腿，大小腿夹紧，上体、髋关节、膝盖在一条直线上，不要撅臀，最后小腿弹出，脚尖下压，收回时先弯曲小腿回到抬腿的姿势再收回站好。

（4）后踢。动作方法：前后站立，首先前腿向后收回，同时下压上体，然后收回后腿，让大腿贴于胸部，最后用力蹬出后腿，动作完成后先弯腿回到抬腿的姿势再收回。

（5）跳踢。动作方法：前后站立，跳踢是腿法中较难的一种，练习时最好先在原地做分解动作，然后再跳起，最后加助跑跳踢。以右腿为例的原地跳踢，屈膝抬起左腿，左腿落下的同时右腿伸直上踢并跳起。

（6）下劈。动作方法：前后站立，后腿伸直抬起，落下时脚尖前点。

（三）有氧搏击操的基本膝法

有氧搏击操的膝法动作，具体是指屈膝叠腿，以膝关节处为发力点的方法。有意识地收缩，大、小腿的弯曲突出处的力道将是惊人的，主要有以下几种。

（1）直膝顶。直膝顶是直接上抬膝的方法，前、后膝均可运用。动作方法：左腿支撑，右腿迅速屈膝向上顶，力达膝尖，同时收腹，身体稍后仰，目视前方。

(2)横膝顶。横膝顶的基本运动路线呈弧形,难度较大,要求练习者的髋部有较好的柔韧性,前后膝均可运用。动作方法:右膝关节由外向内沿斜线迅速提吸。

(3)跪膝。跪膝是膝部向下沉压的一种手法,前后膝均可运用。动作方法:上体左转90°,左腿屈膝半蹲,同时右膝下跪,力达膝尖,同侧手配合下击。

四、有氧搏击操的动作组合

(一)有氧搏击操的动作组合一

格斗站姿,左、右在前均可。本组合以右在前为例。

(1)第一个八拍第1拍:前手直拳。第2拍:后手直拳。第3拍:前手摆拳。第4拍:后手上勾拳。5~6拍:后腿直膝顶,动作后回落。7~8拍:前腿正蹬,回落成右战站姿。

(2)第二个八拍1~2拍:右腿前动,左腿跟步,前手侧劈。3~4拍:左腿前动,右腿跟步,右腿中段侧踹。5~6拍:后手下刺拳2次。第7拍:交叉跳步。第8拍:跳开步,成左战站姿。

(3)第三个八拍1~2拍:前手刺拳2次。3~4拍:后手直拳。5~6拍:右腿上步,左腿直顶膝。第7拍:腾空前踢。第8拍:落地成右战站姿。

(4)第四个八拍1~2拍:左转身,左臂横摆拳。3~4拍:以右腿为轴,左腿上步,向左转体,同时右臂砸肘。5~6拍:起身,前手上勾拳。第7拍:后腿下横扫。第8拍:落地成右战站姿。

(二)有氧搏击操的动作组合二

(1)第一个八拍1~2拍:前腿下段侧踹。第3拍:左腿前交叉步,右手上格挡。第4拍:右腿跟进成格斗站姿。5~6拍:左腿跟进上步,右腿上段侧踹,落地成左战站姿。第7拍:右腿上步,左臂虎爪上摆。第8拍:虎爪下劈,跪膝。

(2)第二个八拍第1拍:前手刺拳。第2拍:后手直拳。3~4拍:前手摆拳。第5拍:左腿后蹬。第6拍:左腿跟步回落成右战站姿。第7拍:下十字格挡。第8拍:起身成格斗站姿。

(3)第三个八拍1~2拍:前腿下蹬。3~4拍:后腿直膝顶,落地成左战站姿。5~6拍:右腿上横扫。7~8拍:向左反转身,左腿后扫,落地成右战站姿。

(4)第四个八拍1~2拍:前手上格扫。3~4拍:后手直拳。5~6拍:左腿上步，同侧臂抬肘。7~8拍：右上弓步，左腿跪膝，左手虎爪前推，右臂上格挡。

五、有氧搏击操的教学方法

（一）鼓动教学法

鼓动教学法就是通过一些手段鼓励学生活动起来，而达到上体育课效果的一种教学方法，让他们在课堂上以自身为中心，增强自信心。例如，在有氧搏击操课上，运用小群体学习法，从自学自练中到互教互学互评中，从团结友爱的多向交流中到自我肯定中，使学生得到满足，从而提高学习积极性，增强自我意识。有氧搏击操的动作刚劲有力，舒展大方，干净利落，热情奔放，表现力强，可以增强运动员的自信心和表现力，这样就可以充分发挥学生的主体作用，将过去课堂教学中以教师为核心转变为以教师为主导，使学生由客体变为主体，将课堂上的教与学相互渗透，有效地提高了教学效果。

（二）示范带领法

教师在教授搏击操时，示范动作要舒展大方、造型优美、充满朝气、富有感染力，使学生产生对搏击操跃跃欲试的感觉。并要采用完整法和分解法教授动作，这样既不影响动作结构，又能把复杂动作简单化，从而使学生掌握动作细节，增强学习的信心。例如，在进行摆拳的教学时，基本动作是双腿微曲，双脚在音乐的节奏下，上下起伏，右手出拳时躯干微向左转，出拳快速有力，力达拳面。这对于初学者来说要求协调能力方面较高，则教师应带领学生一起做，节奏是由慢至快，这样学生将接受得更快。

（三）语言、口令与手势提示教学法

提示要提前，一般提前2~8拍，用语言、口令、手势或兼用。提示教学法是用在上一动作与下一动作的连接或纠正动作上，当然最重要的是一旦发现有进步便抓住时机，激励学生的自信心。比如，教师表扬学生要语言与手势兼用，语言："××同学"（引起他的注意），手势：伸出右手的大拇指朝向他，示意他跳得很棒！那么这位学生将表现得更加投入，激情有增无减。

总之，有氧搏击操的作用与功效都符合当代学生的生理与心理特点，也符合年轻一代喜欢追求潮流的心态，可以说有氧搏击操在学校的开展，是与课标相吻合的，并以其独有的特点、新颖性及安全性，将会得到学生的青睐。这些都为有氧搏击操在学校的开展提供了有利的条件。

第四节 健身瑜伽

一、健身瑜伽的产生

（一）健身瑜伽产生的内因

近几年，瑜伽在全球范围内飞速发展，关于健身瑜伽缘起研究理论不断丰富，为健身瑜伽产生的内因研究提供了依据。虽然现有多名研究者对健身瑜伽概念产生的内因进行了辩证分析，但由于定义视角差异及健身瑜伽特定历史规律，导致其整体概念呈现出异化、复杂化等特点。

一方面，健身瑜伽异化与我国大众健身需求不相符，其违背了现代生活价值理念。现阶段，民众对瑜伽体式、功效的认识存在两极分化情况，多数民众觉得，瑜伽理念相同，强调通过冥想、放松，达到锻炼意志力的目的，或强调瑜伽锻炼就是思想意志磨炼；而一些民众则认为，瑜伽与我国太极类似，练习瑜伽就是简单的身体锻炼；另一些民众持有下述观点，瑜伽是一种锻炼方式，通过练习瑜伽，可以达到健身减肥的目的。上述认识的异化，对健身瑜伽的发展造成了较大阻碍。同时，由于现阶段我国瑜伽项目监管力度不严，导致瑜伽体式异化现象频出。而由于瑜伽挤压体式、拉伸体式等多数体式均为反关节运动，在练习瑜伽时对脊柱关节要求较高的肢体柔软动作极易导致过度拉伸或挤压人体关节。因瑜伽锻炼而出现的伤病问题，增加了瑜伽练习风险，限制了健身瑜伽的发展。除此之外，由于部分从业者受利益诱导，利用大众健身需求，刻意引导大众看到瑜伽在改善身体状况、减肥方面的效果，导致我国民众对瑜伽功效产生了不同的看法，推动了健身瑜伽概念的提出。

另一方面，从本质上而言，瑜伽原本概念的复杂化是催生健身瑜伽概念出现的内在原动力。在悠久的发展历程中，不同历史阶段瑜伽表现形式发生了较大的变化。不同历史时期的人们对瑜伽的认识也有所差别，如以意识磨炼为主要形式存在的瑜伽、作为气功存在的瑜伽、作为健身方式存在的瑜伽等。其中作为以意识磨炼为主要形式存在的瑜伽主要是由于瑜伽在发源地古印度被作为一种遁世者锻炼渠道，正统社会并不认可瑜伽。在后续发展过程中，以意识磨炼为主要形式存在的瑜伽，在沿用以往瑜伽意志磨炼锻炼方式的基础上，建立了个性化瑜伽理念体系。并以文本方式，将瑜伽与思想磨炼理念进行了有机融合。此后，瑜伽正式成为意识磨炼的主要形式。以意识磨炼为主要形式存在的瑜伽主要通过静坐、冥想，克制心理欲望、身体欲望的意识形态变化，与现代人文主义精神不相符。

作为气功存在的瑜伽主要出现于20世纪80年代我国气功盛行时期，由美籍华人张蕙兰女士带入。气功瑜伽的出现主要是由于瑜伽发展速度与理论研究速度不相符，导致我国现有配套理论体系无法给予瑜伽充足的发展空间，最终致使人们形成一种气功瑜伽的混乱理念。

作为健身方式存在的瑜伽主要是在大众锻炼领域下，在艾扬格瑜伽、流瑜伽、阿斯汤加瑜伽、双人瑜伽等西方化瑜伽的基础上，以健身为目标，结合当代生活方式，将瑜伽锻炼方式进行系统化处理。以阿斯汤加瑜伽为例，其强调连续不间断体位法操作，追求运动难度、运动强度的有机结合。在我国本土化瑜伽发展过程中主要作为一种减重运动，但整体概念较为模糊、动作形式不统一，制约了健身瑜伽在我国的发展。

（二）健身瑜伽产生的外因

安全健身需求、多元化健身需求是健身瑜伽概念提出的主要外在原因。一方面，安全健身需求主要是由于巨大经济价值的诱导，部分健身机构以权威认证旗号为依据，为民众提供了不恰当的运动锻炼形式，导致因瑜伽锻炼不规范而出现的致伤、致病、致残事件频出。在这种情况下，民众对瑜伽锻炼安全性需求空前高涨，为健身瑜伽这一概念的提出提供了机遇。另一方面，多元化健身需求主要是在民众信息传递空间扩展、健康意识优化改善的影响下，民众对健身方式也提出了更高的要求。以往以身体素质为立足点的健身活动形式已与民众身体锻炼需求不相符，涉及操、舞、拳、趣味项目及其他文化形式等多种类型的健身活动成为满足民众身体锻炼需求的主要渠道。因此，涵盖益群、健身、调心等多个维度的健身瑜伽就成为民众的首要选择。

二、健身瑜伽的教学价值

（一）可以有效地增强生理机能

瑜伽有着自身特殊的姿势，其能够较好地改善肌肉的韧带情况，并引导其产生张力，从紧张到不断放松，最终可以通过适当的呼吸作用来改善脑部的情况和脑部的神经状态，腺体组织等，进行深呼吸。练习瑜伽已经成为现阶段我国稳定发展的新形势，随着人们思想的发展与进步，健身事业正在不断发展，瑜伽工作的快速稳定进行也能够改善生理和肌肉方面的机能。

（二）可以塑造优美的体型

社会民众对于形体及体态的重视程度不断提高，大学阶段的学生多处在 19~25 岁之间，身体骨骼还处于发育时期，同时也是形体塑造的黄金时期，可以通过体育运动活动循序渐进地塑造学生形体。高校积极推广健身瑜伽项目，使更多学生能够有机会参与健身瑜伽项目的练习，应用瑜伽动作锻炼学生的柔韧性与肢体协调性，学生的身体健康状况会得到明显改善，伴随着学生锻炼难度的持续提高，一些相对难度较高的动作也能够顺利完成，学生存在的形体缺陷将会逐渐改善，通过健身瑜伽实现塑造学生形体、提升气质的目的。

（三）减轻疲劳和紧绷的状态

讲解示范教学法是指教师用语言向学生说明动作名称、作用、方法、要领、要求并以自身完成的动作，作为教学的动作范例，用以指导学生学习与练习的方法，在体育教学中运用很普遍。瑜伽体式的练习是呼吸、意念、动作的配合，教师要给出正确标准的示范动作及动作的注意事项，让学生去模仿和学习，并在老师的引导下，首先将动作达到自我承受的正确姿势，其次是感受瑜伽体式真正的内涵，带给身心的放松。

健身瑜伽适合各个年龄阶层，不分性别，但是瑜伽体式在练习的时候对身体是有要求的，例如，经期、高血压、心脏病、颈椎病等等，有些体式是需要辅助动作，或者根本无法练习的，课前一定要做好咨询工作，随时给予建议，以保证安全地练习瑜伽，达到健身的功效。

三、健身瑜伽的基本动作

（一）基本坐姿

1. 莲花坐姿

（1）臀部坐于地面，两腿向前伸直，自然伸直脊柱，两手放于体侧，保持两膝并拢，两脚内侧并拢（基本坐姿）。（2）屈右膝，将右脚脚背紧贴于左大腿上方，右膝尽量往外展开，贴近地面。（3）屈左膝，将左脚脚背紧贴于右大腿上方，左膝尽量往外展，贴近地面。（4）伸直脊柱坐好，两手放于两膝上。[1]

---

[1] 黄蓉，陈静娴. 身心灵合一的瑜伽体位法［M］. 北京：时代华文书局有限公司，2020：62.

2. 简易坐

(1) 按基本坐姿坐好。(2) 屈右膝，将右脚脚心放于左大腿之下。(3) 屈左膝，将左脚脚心放于右大腿之下。(4) 伸直脊柱、颈椎，两手放于膝上。①

(二) 头部

1. 头顶地后伸腿式

(1) 屈膝跪下，脚尖或脚外侧着地均可，自然伸直脊柱，两手放于体侧。(基本跪姿) (2) 双手十指相交，放于前方地面。(3) 身体前移，将头顶放于手心，慢慢抬起臀部。(4) 呼气，伸直两膝，并抬起右腿向右后方伸出，感觉身体呈倒立状。(5) 吸气，慢慢屈收右腿，臀部坐于脚跟上，将前额放在手心，微闭双眼，放松。(6) 换左腿做同样的练习。(7) 每侧做 2 次后，伸直腿放松。

2. 头倒立式

(1) 按基本跪姿跪好，臀部坐在脚跟上，两手放于两膝上。(2) 两手十指相交，放于体前地面，低下头，将头顶置于手心。(3) 慢慢抬起臀部，足跟离地，足尖贴地。(4) 伸直膝盖后，两足尖前移，屈膝，将全身重心全部移至上体与头顶及两肘部。(5) 慢慢将两足尖离地，做成屈膝倒立状。(6) 待身体保持平衡后，慢慢将两腿向上伸直，身体与地面成垂直状，保持自然呼吸。(7) 慢慢屈膝收回，轻轻将脚尖放落于地面。(8) 臀部慢慢地坐在脚跟上。(9) 放松脚背，将前额放于手心，闭眼放松。(10) 将两手收回到两膝上，伸直上体，恢复基本跪立式。(11) 最后将屈着的双膝向前伸直，放松。

(三) 脊柱

1. 猫式

(1) 按基本跪姿跪好。(2) 两手放于胸前地面，抬起臀部。(3) 呼气，抬头，收缩背部肌肉，背部凹下。(4) 吸气，低头，弓起背部。(5) 尽量深长地吸气和呼气，将拱背和凹背各做 8~10 次。(6) 保持基本跪立姿势，放松。

2. 虎式

(1) 按基本跪姿跪好。(2) 两手心放于胸前地面，抬起臀部。(3) 呼气，向后伸出右腿，保持头、背、腿成一条直线。(4) 吸气，屈左膝，低头，

---

① 朱晓菱, 倪伟. 体育健康与实践 [M]. 上海: 上海大学出版社, 2021: 268.

弓起背部，收缩腹肌。（5）呼气，抬头，凹下背部，向后上方伸直左腿。（6）放下右腿，换左腿做同样的练习。

四、健身瑜伽的教学方法

（一）音乐教学法

高校瑜伽课程没有正规瑜伽教学大纲和教材。教师基本是自我总结后制定适宜的教学内容和计划及考核办法，而瑜伽实践教学基本内容有呼吸、体式、冥想、放松和评价五个部分，教师要根据教学环境制定适宜的比例，以利于高校健身瑜伽教学。

（二）讲解示范教学法

高校学生的精神往往较为紧张，经常感到疲劳，产生紧张的情绪，高校健身瑜伽的不断发展可以减少当代学生的各类心理疾病，学生有更多好的方式缓解自身的压力，另外通过对瑜伽中呼吸和伸展的相关练习，能够改善不良情绪，使他们的心理状态得以放松，心灵上得到安慰，学生能够用更好的方式排解自身的压力，舒缓郁闷的心情，紧绷的情绪。

（三）主体教学法

在老师的任务最终完成之后，可以适当地给学生布置一定的练习内容，并充分发挥出学生的主体能动作用和教师的主导作用等，学生可以选择自己喜欢的教学形式，教师能够给学生更多的理论指导，加强其对各类原理的理解。瑜伽体式的练习次数越多，感触就会更深刻，对体式的理解就会更正确，对心灵的感受更贴近些。

（四）鼓励教学法

在教学过程中教师通过一些手段鼓励学生活动起来。例如，语言鼓励，课上用"很好""很美""漂亮"等词语激励学生增强自信心，让完成比较好的学生在班级中进行瑜伽动作的展示、示范。不仅能够激发学生的学习潜力，还能够调动其学习积极性，有效增加学生的学习兴趣和学习能力。从而充分发挥作为学生的主体作用，使学生对于健身瑜伽的学习充满信心和决心，有效提升教学效果。

（五）评价教学法

在现代化的进程中，开展评价教学属于教育体系中的重要内容，而在进行高校瑜伽教学的过程中，教师也需要开展合理的评价教学。评价教学主要存在于瑜伽教学的后期阶段，需要教师充分尊重学生的身体状况以及相应的学习进度，并且对于传统的水平考核观念要加以实时的舍弃，采取一些科学合理的教学水平，使得学生的成长得到切实的提升。首先，教师应当更新瑜伽教学的实际教学内容，并根据学生的实际身体状况制定最为合理的教学方法，加以实时地优化和更新。对于不同的学生而言，他们的学习能力有着很大程度上的差异，在实际的学习过程中，教师应当根据学生的具体需求，给予学生最为确切的指导，从而充分提升学生的综合素质。

参考文献

[1] 赵静晓. 健美操教学训练系统设计与方法研究［M］. 太原：山西经济出版社，2019.

[2] 孙琴. 高校健美操训练方法的运用现状研究［J］. 文体用品与科技，2022（22）.

[3] 李鹤. 核心力量训练对竞技健美操训练的应用研究［J］. 文体用品与科技，2021（7）.

[4] 杨博. 竞技健美操运动中力量训练的重要作用及训练方法探究［J］. 当代体育科技，2022（7）.

[5] 陈晓洁. 健美操体能训练研究［J］. 体育风尚，2020（4）.

[6] 牛嘉. 竞技健美操运动员心理变化的影响因素及训练方法［J］. 当代体育科技，2020（5）.

[7] 吴宾，姚蕾，周龙. 多元一体："互联网+"时代体育慕课的价值取向［J］. 体育文化导刊，2018（03）.

[8] 武丽媛. 慕课视角下高职院校健美操课程区域资源的共享及优化研究［J］. 当代体育科技，2017，7（34）.

[9] 李逢庆，尹苗，史洁. 智慧课堂生态系统的构建［J］. 中国电化教育，2020（6）.

[10] 李辉. 慕课背景下高职院校健美操教学过程设计的构建研究［J］. 体育世界：学术版，2019（11）.

[11] 胡胜，黄镘. 立足课堂生态本质构建课堂教学新生态［J］. 中国教育学刊，2021（8）.

[12] 许兴. 微课在高校公共健美操教学中的运用［J］. 文体用品与科技，2019（1）.

[13] 赵娟. 翻转课堂内涵、发展与思考［J］. 大东方，2016（4）.

[14] 李擎. 核心素养视角下翻转课堂在高校健美操教学中的应用研究［D］.

济南：山东师范大学，2020.

[15] 袁小芳.关于新规则下竞技健美操审美的思考［J］.文体用品与科技，2023（1）.

[16] 陈雪辉.浅析运动训练原则在竞技健美操训练中的运用［J］.体育世界，2016（15）.

[17] 王鹏.健美操运动的基本理论及其教学研究［M］.天津：天津科学技术出版社，2020.

[18] 黄河.竞技健美操训练研究［M］.长春：吉林人民出版社，2021.

[19] 杨雨霖.竞技健美操C组难度动作训练方法研究［J］.新体育·运动与科技，2021（2）.

[20] 洪启焕.浅谈高校竞技健美操教学中运动损伤的特点及技术性预防［J］.黑河学院学报，2020（6）.

[21] 汪雨鑫.竞技健美操运动损伤特点及预防对策研究［J］.文体用品与科技，2021（9）.

[22] 李文文.大学生竞技健美操运动员运动损伤的特点及技术性预防研究［D］.济南：山东师范大学，2019.

[23] 倪振华.浅谈如何预防高校竞技健美操教学中的运动损伤［J］.体育风尚，2019（5）.

[24] 赵艳.现代教育理念下的健美操课程设计与应用研究［M］.哈尔滨：东北林业大学出版社，2022.

[25] 杨雪红，郑磊石."互联网+教育"背景下健美操在线教学课程设计［J］.体育科学研究，2020（3）.

[26] 杨乙元，黄咏，韩伟."互联网+"背景下高校健美操精品课程的设计与构建［J］.体育科技，2019（2）.

[27] 李华.当前健美操运动技巧及教学研究［M］.北京：中国商务出版社，2019.

[28] 赵嘉磊.高校体育专业健美操专项课程体系构建研究［J］.武术研究，2018，3（5）.

[29] 王钥琪.构建高校体育健美操课程体系的探究［J］.当代体育科技，2021（16）.

[30] 张薇.高校健美操课堂渗透思政元素的策略［J］.拳击与格斗，2020，22（15）.

[31] 武瑞. 高等体育院校健美操方向人才培养现状及模式研究 [D]. 济南：山东体育学院，2019.

[32] 康丹丹. 高校健美操教学与创新研究 [M]. 北京：北京工业大学出版社，2019.

[33] 刘昕. 健美操教学方法的选择与运用研究 [J]. 当代体育科技，2020（12）.

[34] 陶丽华，潘宁敏，莫冬丽，等. 俱乐部教学联合网络平台教学模式在健美操教学的应用研究 [J]. 体育世界（学术版），2017（1）.

[35] 王旭瑞. 健美操运动训练及创编教学探索 [M]. 西安：西北工业大学出版社，2020.

[36] 王有东，孙茂奎，张力. 大学生体育与健康 [M]. 长春：东北师范大学出版社，2020.

[37] 王姝燕. 全民健身与健美操研究 [M]. 天津：天津科学技术出版社，2018.

[38] 刘泽泽. 高校健美操教学中俱乐部教学模式的应用 [J]. 年轻人，2019（20）.

[39] 戴天骄. 情境教学在健美操教学中的应用研究 [J]. 体育世界，2017（15）.

[40] 关静红. 数字化时代高校健美操课程混合式教学模式分析 [J]. 新体育·运动与科技，2023（12）.

[41] 周峰. 高校健美操教学的必要性 [J]. 体育世界：学术版，2020（3）.

[42] 李风晴，刘江波. 健美操线上线下混合式教学模式研究 [J]. 爱情婚姻家庭，2022（20）.

[43] 赵晨，邓艳香. 普通高校健美操课程翻转课堂教学模式研究 [J]. 运动精品，2020（1）.

[44] 张锦锦. 健美操发展创新思考与技能训练研究 [M]. 长春：吉林人民出版社，2021.

[45] 石犇. 健美操与体育舞蹈的形体训练研究 [M]. 长春：吉林出版集团股份有限公司，2020.

[46] 刘斌，马鑫. 新编大学体育与健康 [M]. 成都：电子科技大学出版社，2020.

[47] 李琴. 关于健美操的艺术价值和美育功能的探讨 [J]. 当代体育科技，

2021（13）.

[48] 田钿. 基于项群训练理论下健美操运动的发展分析［J］. 文体用品与科技，2022（1）.

[49] 王操惠. 高校健美操文化与训练实践研究［M］. 北京：北京出版社，2023.

[50] 杨萍. 健美操与科学健身［M］. 北京：人民体育出版社，2021.

[51] 吕慎作. 基础健美操［M］. 北京：中国医药科学技术出版社，2021.

[52] 陆丹华. 新形势下高校健美操创新发展研究［M］. 长春：吉林人民出版社，2020.

[53] 冯道光，张小龙. 高等院校体育运动类立体化精品教材健美操［M］. 广州：华南理工大学出版社，2020.

[54] 宋波. 竞技健美操难度训练法［M］. 成都：电子科技大学出版社，2019.

[55] 刘柳，吴卫. 健美操［M］. 北京：北京师范大学出版社，2019.

[56] 张颖. 健美操［M］. 长春：吉林出版集团股份有限公司，2019.

[57] 李华. 当前健美操运动技巧及教学研究［M］. 北京：中国商务出版社，2019.

[58] 王静. 高校健美操教育的理论与实践创新［M］. 长春：吉林科学技术出版社，2019.

[59] 刘瑛. 新形势下健美操教学与训练研究［M］. 北京：北京工业大学出版社，2019.

[60] 符雪姣. 健美操和体育舞蹈的审美价值与健身价值研究［M］. 长春：东北师范大学出版社，2019.

[61] 孔宁宁. 高校竞技健美操体能训练与健康教育［M］. 延吉：延边大学出版社，2019.

[62] 徐吉，邱玉华，闫锦源. 高校健美操教学可持续发展研究［M］. 北京：经济日报出版社，2018.

[63] 李孟华. 高校健美操运动与教学研究［M］. 北京：北京工业大学出版社，2018.

[64] 史悦红，纳冬侠，郭潞霞，等. 健美操运动学练与科学塑形方法指导［M］. 北京：中国商务出版社，2018.

[65] 李德玉，胡素霞. 健美操（第2版）［M］. 北京：化学工业出版社，2018.

[66] 崔云霞. 健美操运动的理论研究［M］. 长春：吉林出版集团股份有限公司，2018.

[67] 聂晓梅. 有氧拉丁操融合高校拉丁舞公共体育选修课教学模式探讨［J］.

当代体育科技, 2019, 9 (16).
[68] 穆晓红. 高校健身瑜伽教学的价值及实施策略 [J]. 文体用品与科技, 2019 (16).
[69] 陈诗韵. 高校健身瑜伽教学的价值与实施策略分析 [J]. 体育风尚, 2019 (4).